大展好書　好書大展
品嘗好書　冠群可期

大展好書　好書大展
品嘗好書　冠群可期

武術特輯
27

太極拳基礎講座

基本功與簡化二十四式太極拳

李　德　印／著
東京太極拳協會／編
林　瑞　玉／譯

大展出版社有限公司

前　言

學習太極拳的人，幾乎都從簡化二十四式太極拳開始入門，然後再進入四十八式、八十八式太極拳。或者是從二十四式開始學習其他的中國武術。二十四式太極拳以其意味上來看，甚稱中國武術的代表，只要學過之後就會逐漸感到興趣，是一種非常偉大的拳術。而且，對健康也能發揮很好的效果。

不論是在中國或日本，打太極拳的人幾乎都從二十四式開始學習。因此，在太極拳的教科書中經常可見的就是『簡化二十四式太極拳』。本書的原型，是在『中國武術』雜誌上連載的「太極拳的基本功」「簡化二十四式太極拳」。但在連載中，就有很多讀者要求要出單行本，因而出版本書。

作者李德印先生，生長於代代相傳的武術之家，從小對武術便是耳濡目染，修習過太極拳、形意拳、八卦拳、長拳，各種器械等的武術。

對於武術理論和教授法也深入研究，在中國的武術界是令人期待的武術家。

李德印先生也應東京太極拳協會和國內愛好者的邀請，時常會到日本來，長期停留在國內指導。在國內的太極拳學習者中，有很多都是直接接受李德印先生的指導。本書是國內太極拳愛好者的必備之書，希望有更多人能成為太極拳的愛好者。

東京太極拳協會

目　錄

第三章　簡化二十四式太極拳

第一章　獻給太極拳的愛好者

一、中國人與太極拳

到過中國的人，一定看到各處都有人在打太極拳的情景吧！尤其是早晨。早晨，對於打太極拳的中國人而言，可說是黃金時刻。

早晨打太極拳的場所，就是散佈在市內的公園。有趣的是，最早到公園的人，不是公園的管理人，而是太極拳和氣功的愛好者。夏天的話，是沐浴在清新的朝陽中，而冬天，則是在天還沒亮時大家便聚集在公園門口，等待開門。也就是說，這些人都是當天最早到公園的人。不論在天壇公園、北海公園、中山公園、東單公園等地都是同樣的情形。我的朋友、是個長年打太極拳的人、就曾開玩笑的說過：

「你知道嗎？在公園裡有三種人，最早到的就是我們這群人。也就是鍛鍊身體要跟死神打鬥的人。等到我們走了之後，接著而來的便是坐在公園的長椅上，聊天打發時間的人，這些人是等待死神來臨的人。到了晚上，來的又是另外一群人，是情侶們，即使深更半夜了仍不回家。陷入情網中的人，死神不知有沒有找上他們？」

聽到朋友的這番話後，感到有些奇怪，不過，仔細想想，也蠻有道理的。

在女子大學的體育科目中納入太極拳

在北京的中心，有東西走向的長安街。每天早上都有巴士和汽車在此川流不息。而腳踏車的車流就好像「黃河之水天上來」似的，沒有盡頭。在這些車潮的旁邊，像步道的花壇附近、歷史博物館、民族文化宮等建築物之前的廣場上，可看到很多集中精神打太極拳的人。

緩慢的動作，與街上忙碌的情況形成明顯的對照，宛如是另一個世界。可是一旦練完太極拳或劍舞之後，這些人還是會慌慌張張的投入這個現實世界的激流之中。

在有七百萬人口的北京市，到底有多少太極拳的愛好者呢？正確數字不得而知，但少說也有十萬人。以職業而言，網羅了各種職業的人。但是，這些人的共通點，就是生活的步調非常緊張。早晨五點半起床，六點到七點是練太極拳的時間。然後吃早餐，準備八點上班。通常住的地方、打太極拳的地方、吃早餐的地方、工作的場所都不同，因此必須靠自行車或公車趕路。這種生活的步調與太極拳緩慢的動作，幾乎是完全相反。

和這些人不同的是，早上時間可以悠閒渡過的人。舉個例子來說，像我所服務的人民大學，學生和老師大半都住在大學內。在這裡，六點十五分配合擴音器播放的太極拳的音樂，在校園內打上半小時的太極拳。之後，耳朵傾聽收音機的新聞，或者是學習半小時的外文。吃完早餐後便開始上課。這裡的人，眞是讓其他太極拳的愛好者羨慕。

根據統計，在北京市的太極拳愛好者，大半都是三十歲到六十歲這個年齡層的人，而其中三分之一是婦女。愛好者的主體是勞動者、職員、知識分子、主婦，以及退休的職員和勞動者。場所則是北京市武術協會或公會在全市所設立的太極拳指導站。在這裡有武術協會在各地所招聘的義工擔任指導員來指導民衆打太極拳。也就是從技術高明者爲師。學習者通常不需繳費，或是只交些許費用即可。

目前，在北京市，這種指導站約有二百處，指導員有一千人，每年接收的太極拳愛好者約五萬人到六萬人。到年底時，由武術協會進行評定，選出二〇%的優秀指導站和二五%的優秀指導員。對指導員，則定期請太極拳的專家訓練，提升技巧。

以上所介紹的是適合一般大衆的太極拳指導站。此外，在工廠、政府機關、學校、武術館、體育場等地，也不斷的開設太極拳學習班，舉行各系統的太極拳的講習，在各工作場所則努力培養中堅分子，甚至有些學校已將太極拳納入體育課的科目中，或是有些醫院或療養所，將太極拳納入復健項目的也有逐年增多的趨勢。

到過中國的外國友人，不只是在北京，就是在其他地方也常會碰到太極拳的愛好者。從北邊黑龍江省的松花江畔往南到福建省的南海海邊，東從上海的外灘到西邊的古都西安，到處都可以看到打太極拳的人。

因太極拳所具有的濃厚東方色彩，以及柔軟、自然動作而深受吸引的外國友人應該不少吧！那種動中求靜的姿態，一定深印在他們的腦海中。外國朋友若有融入中國人的生活中，就能理解太極拳的意義，不單只是當成運動的太極拳而已。

「你是喜歡冰上曲棍球型的人呢？還是太極拳型的人呢？」

或許有時人家會這麼問你，

「你就單刀直入的說，不要像打太極拳一樣拐彎抹角的說……」

或許你也曾這樣被催促過。

「如果不知道太極拳，可以說就不了解中國人的生活。」

有位外國朋友曾感受深刻的這麼說過，事實不就是如此嗎？

二、北京市中關村的太極拳指導站

在北京西北郊的中關村，就好像日本筑波學園那樣的學園都市。雖然叫中關村，但事實上並不是農村。這裡有中國科學院的研究機關集中在此，有幾萬名科學家或技術家在各個領域進行各種研究。

這些人中有不少是中年以上的人。他們之中也有人在歷經「文化大革命」十年的風暴中身體受損。爲了中國科學技術的現代化，他們還是得致力於研究，而且，夫妻都是上班族，有時還要幫忙家事。因此，有不少人擔心健康的問題。

以力學研究所爲例，在此進行身體檢查的人，六五〇人之中有七〇%以上都是中年人，雖然程度上不一樣，但大多有一些疾病。其中，有個三十二人所組成的研究團體，其中就有七人罹患了肝炎、四人得了癌症，其他還有喉頭炎、關節炎、硬化性骨炎等的疾病。大多是四十歲到五十歲的中年層，這是否會成爲嚴重的社會問題呢?備受世人的矚目。這些人除了致力於工作環境及生活環境的改善之外，還提出醫療設備的改善，以及團體積極參加運動的建議。在中關村設立太極拳指導站的背景就在於此。

作者與北京市中關村的太極拳指導員們

中關村最初設立太極拳指導站是在一九七五年，那是距今十二年前的事了。我到那裡拜訪之時，發現是「老師」一人，有數名學生跟著學習。

太極拳的內容十分簡單，而在旁圍觀的人，都對這些打太極拳的人投以好奇的眼光。但是，由於這些人認眞持續的學習，使得科學院的公會及海淀區的體育協會都伸出了援手。我就是受海淀區體育協會的派遣，在這個小小的指導站做了一段時間的指導。

過了十年之後，當我再度造訪時，這個團體已經發展成擁有五百名以上成員的大團體了。名稱也改爲中關村太極拳協會，而且旗下還設立了七個指導站。

也就是說，分散在中關村的空地、樹蔭下的空地、宿舍的庭院等，都有人努力在練習。

在此一年開三次學習班，除了教導簡化太極拳、四十八式太極拳之外，還教導楊式、陳式、吳式等傳統的太極拳、太極劍、棒、推手等。不久之前還教導大雁功、鶴翔椿、練功十八法等氣功。年間的參加者增加到一千二百人，十年來共有九千人到一萬人學過太極拳。居民五萬的學園都市，竟然出現如此數字，與其他的運動相比，的確相當驚人。

這裡的太極拳「老師」，都是我熟悉的人。有科學家，有技術員，也有研究員，大家都是義務性的指導。武術協會在每年的夏天及冬天，都會利用星期天開設訓練班。參加的人至少必須學會三種拳法。因此，在技巧方面必須通過審查和理論的考試，方能取得「指導員」的資格。十年來我一直擔任審查員，已經爲三十二個人發出了指導員的資格證。他們幾乎都是從三十歲或四十幾歲才開始學習太極拳，而且他們都是在中關村學過太極拳，而重新拾回健康的體驗者。

在此爲各位介紹建築設計師曹先生。他可說是最早在中關村學習太極拳的人物，年紀已經超過五十了。十年前得了肝硬化，沒辦法工作，在家靜養，這時才開始學太極拳。結果身體狀況逐漸好轉。因此，完全成爲一位太極拳迷。

我頭一次見到曹先生，是他在大連完成水族館的設計工作回來後。看起來一點也不像是超過五十歲的人，非常年輕。前年才被挑選爲全國優秀指導員，在北京市勞工、職

在北京的街角打太極拳的人

員太極拳的比賽中獲得準優勝。曹先生一面介紹自己的體驗，一面介紹人練太極拳，而接受建議的人也願意練習。在中關村，像曹先生這種不計酬勞，不畏辛勞，願與他人分享福音的人很多。我想正因爲如此，才使得太極拳有如此蓬勃的發展吧！

他們在家人還在熟睡之時一大早便出門，指導逐漸聚集而來的人，下班後還要製作錄音帶或是買教材，抄寫動作的名稱分給衆人。在下雪的早晨，還要剷雪。這些人的努力，使得中關村掀給了太極拳旋風。

此外，在此每隔一年就會舉辦一次學園都市太極拳比賽。

努力之後一定會得到成果。在中關村，打太極拳的人有三分之二以上健康狀態好轉。

不久之前從美國回國的高級研究員卞蔭貴

老先生，自從學習太極拳之後，認爲有三個好處：

一、心律不整的確改善了。

二、養成早起的習慣。

三、即使接觸冬天的冷空氣也不會感冒。

「現在即使工作再怎麼忙碌，每天都要打三十分鐘的太極拳。身體溫暖，即使忙於工作也不感疲倦。」

這是他的說法。

前些日子被選爲太極拳協會的秘書長的何蔚朗（女性）就說過：

「以前的我，幾乎可以和病人畫上等號。剛開始學習太極拳時，雖然只有稍微的活動手腳，卻會頭昏眼花，不得不扶著樹木。而現在，即使反覆打三、四趟太極拳也無所謂。可能是體質改善了吧！五年前曾動過五小時的腹部手術，但迅速復原，三個月後就能工作了。」

我看著何蔚朗女士的開朗笑容，希望藉著鼓勵中關村的科學家們練太極拳，而使他們能夠長壽，對中國的四個現代化有所貢獻。

三、我和太極拳

我，來自於河北省中部的農村，出生於武術之家。這一帶的農民，自古以來多多少少都會一些武術，著名的武術家輩出。我們家則是祖先代代以農爲業。祖父李玉琳，是李家唯一的後繼者。也就是生下父親他們兄弟三人之前，李家除了李玉琳之外沒有其他的男孩。因害怕若有什麼萬一會愧對祖先，於是讓祖父從小就學習武術，因此身體強壯，具有豪邁的性格。長大成人之後，基於一時的義憤塡膺，做出令牧師及官員反感的行爲，因此不容於村子裡，只好走向武術家之路。李玉琳跟隨形意拳的郝恩光、孫式太極拳的創始者孫祿堂、武當劍的李景林等三位名師學習武術。這三人可說是中國近代武術史上的大師。

祖父，李玉琳尊師重道，一心不亂的修業，因此得到老師的信任，在武術界也有很高的名望。祖父曾擔任過山東省國術館的教務主任，而在這時的前後，也在天津、上海、哈爾濱、長春、瀋陽等地設立道場，擔任武術指導。晚年，則專心致力於太極拳的研究及推廣，堪稱是東北三省太極拳的創始者，培育了很多的弟子。祖父在一九六五年因病去世，享年八十歲。我的父親及叔父受到祖父的影響，也是自幼開始習武。父親李天池，現在是醫師，將太極拳、氣功、按摩活用在醫療上，用來治療患者。叔父李天翼，是太極拳的老師，也是全國名望高的武術家，是新中國國際武術團的首任教練。

當我才只有五、六歲時，便常聽祖父對弟子們說一些武術家的故事。而弟子們在進行「踢腿」或「壓腿」的練習之後，我也會模仿。有時我得跨在弟子的腳上，當成「壓腿」的重量。但是，當我獨自一人時，祖父並不會教導我武術，而是時常說些「三字經」或「二十四孝」的故事典故教導我。可能是希望我長大成人之後，能在課業上充實自己，提升家名，做個有學識的人物吧！這是祖父對我的期望。後來，隨著社會的變遷，祖父的想法大概也改變了。他告訴我和弟弟，古代的人是「白天努力做學問，晚上學習武術」，因此，放學後我們就學習武術。而這項修習，嚴格的程度卻是與日俱增。

「男孩子，不管將來走哪一條路，一定要學會武術才行。不好好鍛鍊，就會沒飯吃。」他甚至這樣對我們說。因爲在以前，我對武術只是單純的抱著好奇心及興趣而已，聽到了祖父的這番話，才覺得學習武術是一種負擔，是一種重石。

再加上祖父的教導非常嚴格，欠缺融通性。不准發問，只能專心練習。我想多記些、早點學會，但是，在祖父看來，那都是旁門左道，我和弟弟一起學習，每天卻只是反覆的練單調、無聊的基本功、簡單的少林拳、五行拳（形意拳的基本功）或三體式站椿而已。但是，我們在祖父的面前，也從來不敢發問、要求學習新的動作。想說卻沒有勇氣說出口來，開始學習太極拳，是在小學快畢業的時候。但是，幾乎都沒什麼進展。就像蝸牛爬行一樣，老是在原地不動。一個動作就必須練上好幾個星期。因爲這些動作，都是以前祖父在教弟子時我就已經記起來了。雖然心裡很焦躁，但還是只能乖乖的做。在得到祖父正式的教導之前，絕對不能在祖父面前演練給他看。因爲有這樣的情形，所以一套太極拳就花了一年的時間。

但是，到學「推手」時，發現與基本功和太極拳的練習完全不同，非常有趣。當時，我已經上中學了，體格非常壯碩。有一天，祖父命令我傾全力推他，雖然我使盡全身的力氣推，但祖父卻一動也不動。而祖父只不過稍稍用點力，我的身體便像球一樣左右晃動，接著便在地上滾動。當時，祖父對我這麼說：

「你把我的手臂往上抬，若抬得起來，表示你的功夫有進步。」

當時，祖父將近七十歲。祖父單手往前伸，我雙手用力，想將祖父的手臂往上抬，但手臂卻一動也不動。沒辦法，我只好以騎馬的姿勢，使用肩膀的力量想往上推，但是仍然一動也不動，就在我喘口氣的時候，祖父身體突然一沈，用了力氣，我就突然摔倒在地上，令祖父大笑。這段記憶仍深印在我的腦海中。

我高中畢業是在一九五七年，爲達成祖父和父親的希望，我打算進入大學就讀，於是我參加了北京人民大學工業經濟學部的入學考試。考試順利通過，當時祖父為我餞行時說了一段話：

「你是我們家第一位大學生。不要辜負大家的期待，一定要好好的努力。但是，也不能忽略武術！」

但是，當時的人民大學，並不看重運動成績，完全沒有練習武術的氣氛。我只好在沒有人的時候，偷偷的練習武術。有一次，大學舉行田徑賽。可能是我自幼開始學武的關係吧，在四百公尺的障礙賽中獲得優勝，打破全校的記錄。從此之後，學校也不放過我，立刻選我為田徑選手，在課外還得訓練。

在大學即將畢業之前，北京市舉辦了大學生的武術大賽。學生會的幹部正因不知派誰出場較好而感到頭痛不已時，我自動請求讓我出場。幹部驚訝的看著我，好像是半信半疑的樣子，但是又找不到其他適合的出場者的情況下他才同意。在這次的比賽中，我在太極拳的比賽中獲勝。這個消息立刻傳遍全校，想跟我習拳的學生很多。一時之間，校內的太極拳迷增加了。學校的指導部也注意到這點，希望我在畢業後能留在人民大學擔任武術大師。父親也不反對我「繼承家業」。雖然我並沒有達到祖父的期待，走向學問之路，但是卻能繼承祖父和父親的衣鉢，成為李家第三代的武術教師。

祖父的教法——過於嚴格、不具有融通性，這是我當時的想法，後來我才發現它的

83歲的齊藤女士是太極拳的愛好者

威力驚人。雖然不跟祖父練太極拳已經過了好幾年了，但是再度練習時，在短時間內就能恢復以往的水準。這種功夫，比我在大學所學的「政治經濟學」，更能在我體內生根。學校的指導部派我到體育學院繼續研修。只要有時間，我就會跟隨祖父和叔父練技巧，同時也向其他武術界的前輩討教。

三年來，人民大學的武術團逐漸茁壯，在北京市大學生武術大賽中獲得團體競賽的優勝。從此以後，武術成爲人民大學的老師和學生之間最親近的運動。

我擔任武術教師已經二十五年了。太極拳成爲我貢獻給人民的一種手段，也是與各國友人建立良好友誼的橋樑。

在中國最受太極拳迷喜愛的「四十八式太極拳」，我也執筆爲文加以說明。

現在，經我親自敎導太極拳的人大致有一萬人。而透過電視、書本、雜誌認識的人，數目就更多了。這十年來，在北京的國際俱樂部所開設的班中，也敎過來自五大洲的近千名的外國友人。

敎導外國朋友學習太極拳，最令我感到高興的就是，我認識了很多來自日本的太極拳迷。其中包括政治家鈴木善幸、櫻內義雄、古井喜實、伊東正義等人。我以太極拳老師的名義，已經先後到過日本三次，在這段期間內遇到很多難忘的人。其中還有一位藉著打太極拳而戰勝腦軟化症的八十四歲的齊藤先生。齊藤先生現在每天早上還是會到飛鳥公園去打太極拳。此外，在我嚴格的敎導之下，在武術太極拳全日本大會上，二度在太極拳A組獲得優勝的森田，以及爲了推廣太極拳而很有耐性的持續活動的石原及小池夫婦二人和小林、加藤等人。要全部加以介紹，實在是不勝枚舉。很多人對我們都付出了友情，成爲太極拳迷。這一切都將深印在我的腦海中，永遠不會抹滅。

各位都知道，本書是我和我的朋友葉書勳先生應東京太極拳協會的邀請訪問日本，在日本敎導太極拳的基本功和簡化太極拳的記錄。附帶一提，葉書勳先生是中國體育大會太極拳的冠軍得主。

希望有更多的讀者閱讀本書，能因本書和更多的日本太極拳的愛好者相識。藉著本書，對致力於國際間友好關係及太極拳發展的國際友人，獻上最眞摯的謝意。

四、太極拳的發展與流派

關於太極拳的發祥，有不少的傳說，但衆說紛紜。

有一說法是武當山的道士張三峰所編的。在十二世紀時，張三峰在前往謁見皇帝的途中夢見武當山之神教授他拳法，他使用這種拳法趕走了賊。張三峰便以這種拳法爲基礎，創造出太極拳。

另一種說法是，十四世紀時，武當山的道士張三豐，在修業中看到了蛇和兔子的格鬥。他觀察那些動作，於是創出「太極拳十三勢」。太極拳到底是這個張三峰所創，還是那個張三豐所創，這在武術界也成爲一個研究課題。此外，關於太極拳的起源，還有人追溯到八世紀的唐朝，或是六世紀的梁朝，不過因歷史證據不足，所以很多人對此都抱著否定的見解。

根據近代太極拳考證家的說法，太極拳是始於淸朝初年，也就是十七世紀中葉，由河南省溫縣的農村開始的。根據當地的資料顯示，一說是由溫縣陳家溝村的陳王廷所創，而另外一項記載，則是溫縣小留村的蔣發到山西拜某人爲師，學習之後所傳下來

少林寺的德禪大師與作者

的。是陳王廷也好，是蔣發也好，他們都是明代末期到清代初期的武術高手。而陳王廷在一六四一年曾任鄉兵守備（民間防禦的軍事指揮官），率領群衆作戰。蔣發則是在一五九六年（二十二歲）時，師事山西太谷縣的王林禎習藝，據說只要發現野兔，不需百步便能追上野兔。

太極拳的歷史，即使是由這二人所傳，至少也有三百五十年以上的歷史了。

昔日，太極拳被納入健康法與攻防法之中。當時的太極拳，收集了當時流行在民間的各種拳法的精華，採取避實攻虛的技巧。閃躲攻擊而來的對方力量之後再攻擊對方，以小搏大的戰術。

也就是「對方不動的話，自己也不動」「對方稍微動一下的話，自己就先動」，特別強調這一點，藉著對方的出手再發動攻擊，制服對方，戰勝對方的技巧。

所以，首先必須先學會以下所列舉的四項功夫。也就是聽（感覺、判斷對手）、化（閃躲減弱對手的力量）、拿（使對手處於被動的立場）、發（攻擊對方的弱點）等四項功夫。因此，太極拳與快攻型的拳法完全不同，是以柔克剛，以靜制動。與直攻型的方法不同，可說是一種新型的拳法。

而被當成健康法的太極拳，是將中國古代的「吐納」（氣功）和「導引」納入，使心情平靜，身體放鬆，做出氣沈丹田，讓意念和氣循環的動作，企圖強化內臟的功能，因此可說是使拳術和健康法更加融合。

但是，太極拳中最早進行的是「長拳」。動作滔滔不絕，有如長江（揚子江）之流源源不絕，有這種含意在。長拳又稱爲「十三勢」。因爲它除了八種主攻手法之外，又加上五種主要的變換步法。清朝乾隆年間（十八世紀中葉）著名的武術家王宗岳，將中國古代太極陰陽學說的理論納入，著有古典的「太極拳論」。後來，「太極拳」的名稱便固定下來。

在古典哲學中，「太極」原本的意義是指宇宙的開始，或是引起變化的狀態。此外，也指森羅萬象的變化之原動力。命名爲「太極」的這套拳法，可說是含有世界上最棒、廣大無極、如宇宙般富於變化的意義在內。意味著虛與實、動與靜、剛與柔完全結合，不斷轉化的意思。

以前的太極拳，會教人一些柔軟的扭轉動作，或者是激烈的動作、跳躍，用來瞬間發勁。進入十九世紀前葉後，河北省出身的楊露禪赴河南溫縣，一邊工作一邊學習太極拳。之後他回到故鄉，傳授太極拳。之後，楊露禪接受淸朝的招聘，與其子一起到北京指導太極拳，從此之後，太極拳便逐漸在都市內流傳。當時的太極拳，柔和、穩定、平均、動作連綿不絕，與年齡無關，是任何人都能學習的健康法、美容法，而在技巧方面，有一個人也能練習的「單練套路」，二個人練習的「推手」，內容充實，此外，也可以進行劍、刀、槍、棒、「對練套路」等的練習。

以上所叙述的是太極拳的發展經過，在其間也形成了各個流派。主要的流派如下：

1　楊式太極拳

由楊露禪和他的兒子、孫子所編出的拳法。架勢順暢均勻、動作柔和。現在以練楊式太極拳的人最多。

2　陳式太極拳

最初是在河南溫縣的農村所進行的，一九二八年以後才傳到北京。陳式太極拳保留了古代太極拳的招式，有很多發勁、跳躍的動作，動作時快時慢、力量時強時弱。

3　吳式太極拳

由滿州族的吳全佑父子，以楊式太極拳為基礎所編出的拳法。動作比楊式的小，但較柔軟、緩慢、纖細。

4　武式（郝式）太極拳

出身於河北的武禹襄，隨楊露禪習太極拳，後來到河南省的溫縣磨練技巧，編出武式太極拳。弟子李亦畬、徒孫郝和再加以修飾，成爲完善的太極拳。動作簡單、樸素，非常纖細，如梅花般優美。

5　孫式太極拳

民國初年，孫祿堂以郝式太極拳爲基礎所編出的拳法。步法具融通性，進退自由，動作大多是藉著雙手的開合相連，因此，也稱爲「活步太極拳」或是「開合太極拳」。

除了以上五種太極拳之外，還有和式太極拳和李式太極拳等。動作和風格，依流派不同而有很大的差距。即使同一流派也會有差異，練習的方式也不同。政府的體育相關部門，組織專家，長年來進行調查與整理，編出統一的太極拳。也就是將各流派的特徵與風格綜合起來，編出統一的動作，標準的拳法。舉個例子，一九五八年將楊式太極拳統一，創出了「八十八式太極拳」。

此外，還爲了初學者，挑選出二十四組楊式太極拳的代表動作，創出「簡化太極拳」。另外，又配合太極拳迷的要求，創出「綜合太極拳」和「四十八式太極拳」。而這些當成統一教材的太極拳，能使爲數更多的太極拳迷，在學習太極拳時更簡單，可說是促進了太極拳的發展。

五、太極拳入門的重點

「我想學太極拳，會不會很難呢？要怎樣才記得起來？」經常有人問我這個問題。我覺得並不難，而且是自然又富柔軟性的運動，對老年人及身體較弱的人而言，比其他的運動更容易學習。但是，動作多、套路長，剛學時也許很難記住。初學者若只想記住動作，恐怕會掌握不到要領，動作會比較彆扭。

要度過這些難關有二個方法。第一就是要好好落腰，反覆練習幾次。也就是說，不要一次就學習很多動作，想要早點記住。初學者以一次記住一、二個動作較適當。反覆練習就能牢牢記住，掌握動作的重點。只要像這樣花二、三個月的時間持續練習，即使是百式的拳套，除了重複的動作之外，只有四、五十式而已。

這些動作，是由四、五種的手型和步型、十幾種的手法、步法、腿法組合而成的，因此學起來也就不覺得難了。學習一年，有的人技巧就很成熟了，有的人甚至才學幾個月，技巧便很成熟了。開始學習才不過二、三年，有的人出場比賽便得優勝。所以說，想要打好太極拳「要花十年的時間」，這種說法就比較誇張了。

作者正在指導南斯拉夫、法國、羅馬尼亞的人士

但是，學太極拳就像學書法、音樂、繪畫一樣，最初打好基礎很重要。不論是從套路開始學太極拳，還是從基本功開始學起，正確的入門法一定要牢記以下五個重點：

㈠放鬆身體、穩定心情

初學者中，有的人認爲要認眞的打太極拳就必須要用力，這是錯誤的想法。過度用力，會造成身體僵硬，胸膛挺直而呼吸困難。這樣姿勢就不自然，動作彆扭，氣血循環不順暢，導致臉發紅，呼吸困難。

初學者在練習時，必須檢查身體是否太緊張，一定要放鬆身體呈自然的狀態，心情穩定，在悠閒的心情下集中精神做動作最重要。若一邊練習，一邊想著工作或家裡的事，那心情就容易陷入緊張中，沒有辦法好好的記住。

因此，不只要調整身體，還要能控制心情，摒除雜念，集中精神練太極拳。要像這樣致力於「用心統一身體」「動中求靜」的練習，如此一來，不僅能消除大腦的疲勞，也能使腦細胞休息，透過精神的作用促進體內的新陳代謝，就能夠學會正確、優美的太極拳。

㈡注意立身中正

挺直背肌，上身自然擺正，不可偏向左右任何一邊。頭直立，落兩肩，胸稍微收縮一些。這與中國的坐禪或進行氣功時的姿勢要領完全相同。

初學者中有人會過於緊張、僵硬，身體彎曲。例如，在轉身時，上身傾斜，在做「弓步」或「虛步」的動作時，上身會往前倒，或往後仰，做仆步時，頭低垂或彎腰等姿勢都出現了。此外，腰或背肌彊硬、背彎曲、肩膀僵硬，頭和頸部無力的毛病都出來了，所以一定要儘早做到立身中正的要領。

㈢保持重心的穩定

太極拳的動作當中，像「下勢」「獨立」「十字手」等，有部份是重心起伏非常大的動作，而大部份的動作是曲膝，成半蹲的姿勢來進行。這種姿勢，就好像將挺直的上

學習太極拳第一步的人

半身，牢牢的擺在自己的腿上一樣。按照這個要領來練習，不僅能增大運動的量，姿勢和動作也較穩定，上肢保持輕鬆柔和，下肢就好像具備了沈重的安定感。

但是，若腳部沒有足夠的力量，只要隨便的移動腳，身體的起伏就會很大，腰會突然下降，或是膝就伸直了。這樣的話，即使再怎麼練習也沒有效果，即使持續練了一個小時，身體也不會溫暖，也不會流汗。最重要的就是要保持重心的穩定，這樣才能保持腿部的柔軟性，擁有力量。

初學者在持續套路的練習當中，會發現下肢逐漸產生力量，同時能夠努力練習基本功。例如，除練習「起落樁」「虛步樁」等的「站功」之外，「雲手」「攬雀尾」等也都要練習，保持下肢的穩定是非常重要的。

此外，重心不穩的原因在於步型或步法。例如，做「方步」時，兩腳的間隔過於狹窄，或兩腳交叉成S字形時，或做「虛步」時，兩腳的間隔若太寬，身體僵硬也會晃動，或者在轉身時，沒有辦法巧妙的控制身體。有人說太極拳就好像「貓走路似的踏出腳」，只要能牢牢固定支撐身體的腳，動作就會變得輕盈。若兩腳的位置不對，動作自然就顯得笨重、僵硬，失去安定感。

㈣姿勢順暢

太極拳，絕對不能夠過於緊張、僵硬，也不能夠過於用力。理想的姿勢，應該是像吹滿空氣的氣球一樣，是柔軟膨脹的狀態。也就是漲滿的力氣是朝外的，而由周圍的彈力來支撐的這種感覺最理想。這種狀態，太極拳的術語稱爲「掤力」。

但是對初學者而言，一開始就要學會這種技法是很困難的。但是，只要記住這些重點，對老師所示範的動作能仔細的觀察，放鬆身體，在輕鬆愉快的狀態下持續練習的話，就能使技巧迅速成熟。但是，所謂放鬆，並不是軟趴趴的完全沒有力量，而是在自由的動作中加入力量，或放鬆力量，必須是剛柔都能適當的混合，必須是充滿力量才行。但並不是僵硬彆扭，柔軟但不致於太過柔軟，放鬆但不會過於柔軟，用力卻不僵硬，這才是最理想的。

㈤動作要富有柔軟性

太極拳的動作，就要像「紡線一樣的運力」，要柔軟、緩慢、能持續進行。這和動作像風一樣快、像釘子一樣直立、動作快速有力、動靜分明的長拳或少林拳完全不同。

初學者因動作還不熟悉，做起來可能會斷斷續續的，但只要記住動作之後，就不會斷斷續續的，柔和且速度和用力的方法都能順暢。

當然，太極拳的動作當中，有虛實，速度快慢也不同，但整體而言，基本上是柔和、連綿不絕的，要好好掌握住這點。在打基礎的階段，更應特別注意這點。

此外，在動作的開始和結束，以及要換下一個動作的時候，也必須注意。就好像駕駛在開車的時候，不管是開動引擎、踩剎車，或是轉彎時，都得用心儘可能穩定的開車一樣，太極拳的動作也是一開始是柔軟的，在決定動作後一定要保持穩定感，在移到下個動作時，只要像畫圓般的、順暢的動作即可。

初學者只要記住要把力量放柔，身體的力量自然就能放鬆，不僅能保持重心的穩定感，同時在增加虛實的變化上，也能打下良好的基礎。

對於初學者，最後我想叮嚀的，就是千萬不要焦躁，要慢慢的學，以反覆練習爲前提，心情和身體要放輕鬆，身體擺正，保持穩定感，順暢、柔和，這五個要點如果能牢牢的記住，那麼，不管是哪一種式，自能開闢出一條精通太極拳之路。

第二章　太極拳的基本功

關於基本功

常聽人說「學習拳術，若不練好基本功，那一切都是白費力氣」，這是基於在中國武術界長年的經驗所產生的經驗之談。

武術的基本功，除了要提升身體的素質之外，同時在學會武術的基本技巧及要領上，也是非常重要的基礎訓練。此外，基本功不只是初學者在入門階段必學的功夫，同時在不斷提升技巧上也是必要的的手段。

儘管長年學習武術，但技巧上卻不見有很大的進步，這種人也經常可見。這些人一定是忽略了基本功的訓練，要不然就是完全不練基本功。武術要熟練，第一就是要從熟練基本功開始。

在中國，拳術的種類非常的多，且各有流派，因此依流派不同，對基本功內容的要求也就不一致，除了共通點之外，流派各有其獨特的練習法。

太極拳的基本功——站樁、壓腿、踢腿、活腰、轉肩等的練習法，與其他武術的基本功相同。但是在練習時，不需挺胸、收小腹、屏住呼吸。在此爲各位介紹有關太極拳獨特的基本功的練習法。這在改正姿勢、抓住太極拳的要領、提升基本技巧、改善身體的素質上，可說非常有效。

但是在此應該注意的是，基本功的訓練因人而異，各有不同。並不是一下子就要把什麼都記起來，而是要配合個人的體質或技巧，找出重點，決定順序來進行最重要。內容、數量、密度、強度每一項都要合理，不可千篇一律或勉強進行。這些對指導老師來說，都是必須特別注意的地方。

此外，基本功的訓練要與套路的訓練緊密結合來進行，這點也很重要。不管是在套路練習前或結束後進行都可以。對於剛開始學習套路的人來說，若有明確的目的練習基本功，不但可幫助記住套路，還可幫助理解，可說是一舉兩得。

此外，準備動作和基本功的練習不可混爲一談。準備運動，是活動身體使身體進入容易運動的狀態，而且是爲了避免身體受傷所進行的預備體操。而基本功則已算是基本訓練的一部份了。

樁功

樁功，是指固定下肢，或是使全身成靜止狀態的基本功。樁功的姿勢可消除緊張

圖2－1

圖1

感，是安靜而穩定的狀態，就好像木樁立在地面上一樣，故有「樁功」之名。樁功的目的是爲了矯正姿勢，加強下肢的力量，使氣息穩定、調整呼吸。

1 鬆靜樁

〔準備姿勢〕

身體自然站立，雙腳打開與肩同寬，重心置於兩腳之間，雙手垂在體側。眼睛凝視正前方，全身不要用力，保持靜的狀態，姿勢擺正，集中精神，保持自然的呼吸（圖1）。

〔動作〕

雙臂上抬到胸前，採抱球的姿勢。五指稍微彎曲，自然張開。兩手手指和手指的距離爲一個拳頭，眼睛

圖2－2

看著指尖（圖2）。

〔重點〕

①去除全身的緊張感，儘量放鬆，將氣和心情都穩定下來，摒除雜念，檢查每個動作是否正確。呼吸緩慢自然。

②以頭頂上放著東西，想要把那東西往上推的感覺將頭擺正，肩放下，放鬆腰的力量，挺起背肌，胸稍稍往後收，伸直手臂，腋下像挾著棉球般的自然張開，手肘放下，手指放輕鬆成稍稍彎曲狀，從頭、軀幹、上肢來去除緊張感，但不是完全鬆弛，而是非常充實，不僵硬的一種非常自然放鬆的狀態。

這種狀態，太極拳稱之爲「掤勁」。兩膝稍稍彎曲，而不是完全伸直。就好像腳趾牢牢抓住地面的感覺，有穩定感，自然站立。

③練習的時間，依個人的體力、技巧的程度來決定。練「樁功」，以心情愉快、情緒穩定的程度最適當。初學者每次進行三分鐘，再逐漸拉長時間。練完「樁功」後先走走活動一下身體，然後再看看是要繼續練「樁功」，還是要進行別種訓練。

2 調息樁

〔準備姿勢〕

與前項相同（圖1）。

圖3

〔動作〕

雙手像畫弧般的往兩側抬，同時吸氣。手抬到肩膀的高度時，手掌翻過來，兩手在頭前交叉，經過胸前，接著放下到腹前，同時吐氣。反覆做這個動作幾次（圖3、4、5）。

①雙臂的動作要輕柔自然。不要做拉扯肩膀、挺胸、背部用力等動作。手往上抬時，肩膀的力量要放鬆，胸部要放輕鬆，手不可高過頭。此外，交叉放下時，手肘彎曲放下，從外側到內側，然後往下如畫弧般的

圖4

圖5

移動。

②吸氣時要自然的吸，配合手的動作。吐氣時非常重要，手臂交叉，放下時，氣沈丹田。呼吸全都要閉口，由鼻進行，舌輕碰上腭牙齒的後方，自然順暢的呼吸。

圖6－2

圖6－1

3 起落樁

〔準備姿勢〕

與前項相同（圖1）。

〔動作〕

與簡化太極拳起勢的動作相同。採準備的姿勢，雙手慢慢的往前方上抬。到與肩膀同高爲止，保持這個姿勢。手和手的間隔與肩同寬，掌心朝下（圖6）。接著兩膝慢慢彎曲，重心下降。兩手隨著曲膝的動作慢慢下降到腹前，保持這個姿勢一會兒（圖7）。然後慢慢的將膝伸直站立，雙手回到原先的位置。以上的動作要反覆練習。

〔重點〕

圖7－2

圖7－1

①上身要時常保持準備姿勢。也就是頭要稍微往上抬，背肌伸直，放鬆肩膀的力量，手肘下垂，稍微收胸，放鬆腰的力量。

曲膝重心下落時，姿勢要擺正，像要坐在椅子上似的落腰，收小腹，臀部不可突出。上身放鬆力量保持正確的姿勢，雙腳用力，體重置於兩腳腳底的後半。當雙腳稍稍感到倦怠、發熱時，再慢慢的將膝伸直站好。

②動作要輕緩、速度要平均，保持安定感，同時配合呼吸進行。吸氣手上抬時，稍微收下腹，就像要將氣引到背部似的曲膝。吐氣時，氣沈丹田，稍微靜止一下，在不勉強的狀態下行自然的呼吸，調整氣息。

③曲膝、落腰的程度和次數，因人而異。最初不可落腰太深，次數僅止於五～次。隨著練習的進度，次數可增加到三十～五十次，逐漸加深落腰的程度，充分鍛鍊腳部的肌肉。

圖8

4 虛步樁

〔準備姿勢〕

與「鬆靜樁」相同（圖1）。

〔動作〕

緩緩曲膝落腰，將體重移到右腳，靜靜抬起左腳。同時上身半轉向右邊，兩手在兩側如畫弧般的抬起。手的高度不可超過頭（圖8）。兩肘半彎曲，雙手往前移，掌心相對。這時，指尖朝向斜上方。左手要在鼻子的高度，右手則要放在左肘的內側。同時左腳往左前方跨出一步，腳跟著

圖10

圖9

地，腳尖後仰，輕微曲膝，體重的大部份置於右腳，形成左虛步。眼睛看著左手指尖（圖9）。保持這個姿勢，等到右腳感到疲倦時，將左腳還原，體重置於左腳以同樣的要領練習右虛步。兩腳的間隔爲腳底的長度。雙臂的動作與左虛步相反（圖10、11）。

以上的動作要左右反覆的練習。

〔重點〕

①決定型的時候，虛步則要落腰，放鬆腰的力氣，腹部要用力，收臀部，使下肢產生安定感，注意不要鬆動。

上身放鬆，姿勢擺正，自然朝向斜前方。同時，頭就像要往上抬似

圖11

的，放鬆肩膀的力量，力量置於手臂，落肘，稍微收胸，腋下要形成一個放乒乓球的空間，放鬆手腕和手指的力量，保持自然，將內勁（體內的力量）帶到頭頂或指尖。

②雙臂在兩側張開時爲虛，心情愉快，收腹吸氣。雙臂移到胸前時爲實，情緒穩定，好像從腹部吐氣似的。採虛步的姿勢靜止時，要放鬆力量，自然呼吸。

③採取虛步的姿勢靜止時的時間和姿勢高低，因人而異，可慢慢拉長時間，放低姿勢。左右動作互換，練習次數要依個人適當的狀況來進行。

行步

行步的基本功，是指各種步型、步法的訓練。太極拳的動作是以腳部爲基礎，由腰帶領，腳的動作與貓走路的方式類似，輕盈、敏捷、具安定感。累積行步的訓練，就能提升太極拳的基本技術，學會太極拳的要領，在培養下肢力量上是非常重要的。

1　上步

圖12

〔準備姿勢〕

放鬆身體的力量站立，腳跟併攏，腳尖張開雙腳成八字，兩手輕輕插腰。心情穩定精神集中，行自然呼吸，眼睛凝視前方（圖12）。

〔動作〕

①曲膝、落腰、體重移到右腳，左腳腳跟上抬，上身轉向左前方（圖

圖13

圖14

13）。

②左腳朝左前方踏出一步，靜靜的先將腳跟放下，腳尖後仰，腳部自然伸直。體重與先前的動作相同置於右腳。上身的姿勢與高度不變。眼睛凝視左前方（圖14）。

③左腳靜靜收起，腳尖著地，回到圖13的姿勢。

④左腳再朝左前方踏出一步，靜靜的放下，採圖14的姿勢。以上的動作反覆進行三次後將體重移到左腳，練習右腳踏出的姿勢（圖15、16）。屈伸右腳三次之後，採踏出左腳的姿勢。以上，要左右交互練習。

〔重點〕

①腳向前踏出的動作或還原的動

圖16

圖15

作，都要靜靜的抬起、著地。兩腳的虛實要明確，保持重心的穩定，上身的姿勢和高度一定要保持同樣的狀態，不可有起伏。

②曲膝、收縮腰骨，放鬆腰力、收臀部。軀幹挺直放鬆，行自然呼吸。絕對不要有挺胸屏住呼吸、上身劇烈起伏、動作生硬、速度不一的動作。

③落腰的高度和左右交互練習的次數，要依個人腳部力量的強弱來做適當的決定。初學者姿勢要抬高些，交互練習的次數也要慢慢的增加。

圖18

圖17

2 進步

〔準備姿勢〕

與前項相同（圖12）。

〔動作〕

①曲膝落腰，體重移到右腳。上身往右半轉，抬起左腳往前踏出一步（圖17）。體重往前移，左腳穩穩貼在地上，彎曲左膝、右腳自然伸直成左弓步（圖18）。

圖19

圖20

②彎曲右腳，體重稍往後方移，左腳的腳趾後仰朝向外側（圖19）。上身朝左扭轉，彎曲左膝，體重置於左腳，抬起右腳停在左腳足踝附近（圖20），然後朝前方踏出一步（圖21），曲膝、左腳自然伸直形成右弓步（圖22）。

③右腳腳趾朝向外側，左腳抬起往前踏出一步成左弓步。以上的動作要左右交互練習，同時要往前做連續性的練習。

〔重點〕

①上身擺正，放鬆練習。保持重心的穩定，動作不能中斷，要能持續，要輕巧、柔和，兩腳的虛實要明確。

圖22

圖21

②採弓步的姿勢時，往前伸出的那隻腳的膝關節和腳尖要成垂直狀態。往前伸出的腳朝向前方，而在後方的腳則朝斜前方（用腳跟調整腳的方向），整個腳底要踩在地上，兩腳左右的間隔要保持十～二十公分。腳尖和腳跟都不可抬起，前進的路線也不可成S狀或直線狀。

③最初可以自然呼吸來練習，但學會動作要領之後，每一步都要進行二次的呼吸。也就是說腳往前伸出時，以及在後方的那隻腳彎曲體重置於該腳時要吸氣，成弓步時和在後方的腳上抬時要吐氣。

3　退步

〔準備姿勢〕

與前項相同（圖12）。

〔動作〕

①曲膝落腰，體重置於右腳，左腳靜靜抬起後退一步，腳尖著地（圖23）。

圖23

體重移到左腳，左腳牢牢貼住地面，伸直右膝，前腳底著地，成右虛步（圖24）。

圖24

②右腳靜靜抬起，後退一步腳尖著地（圖25、26）。

圖25

圖26

接著體重往後移，右腳牢牢貼住地面，伸直左膝，成左虛步（圖27）。按照以上的要領，左右交互練習。

圖27

〔重點〕

①與進步的重點①相同。

②虛步時，體重大致上要放在位於後方的腳上。往前伸出的腳要筆直朝向前方，腳跟提起。後退的腳要朝斜前方，兩腳的左右間隔為十公分左右。腳後退時的步幅不要太大，退後的路線不可成S狀或直線狀。

③最初以自然呼吸來練習，但動作順暢之後就要一步一呼吸。抬腳後退時吸氣，放低腰、虛步時吐氣。

圖29

圖28

4 側行

〔準備姿勢〕

與前項相同（圖12）。

〔動作〕

①曲膝，體動置於右腳，左腳上抬（圖28）。上身朝右轉，左腳朝左側移出一步，腳尖著地（圖29）。

圖31

圖30

②上身向左轉，體重移到左方，左腳牢牢踩踏地面。右腳靠過來，與左腳保持二十公分的間隔，雙腳平行，雙腳都筆直朝向前方（圖30、31）。

圖32

圖33

③上身向右轉，體動移到右方，左腳朝左側面跨出一步（圖32、33）。動作與①的要領相同。朝左連續練習過五、六次之後，再練習朝右的「側行」。

〔重點〕

①後脖頸擺正，頭頂稍往上推，放鬆肩膀的力量，稍微收胸，上身擺正，放鬆腰和腰骨的力量，使重心穩定。動作要輕盈，速度要均勻，要具有連續性的來練習。

②最初以自然呼吸練習，接下來就要一步一呼吸。放慢動作的速度，一步二呼吸也無妨。扭腰時吸氣，收腳和出腳時吐氣。

圖34

圖35

5 轉身弓步

〔準備姿勢〕

與前項相同（圖12）。

〔動作〕

①曲膝落腰，左腳朝前踏出一步，左膝彎曲成左方步（圖34）。

②體重往右移落腰，上身往右扭轉，左腳腳尖朝向內側（圖35）。

③體重移到左腳，上身朝右後方扭轉，右腳伸直之後再還原，腳尖著地（圖36、37）。

④身體向右扭轉之後，右腳往前踏出一步，右膝彎曲成右弓步（圖38、39）。

圖36

圖37

圖38

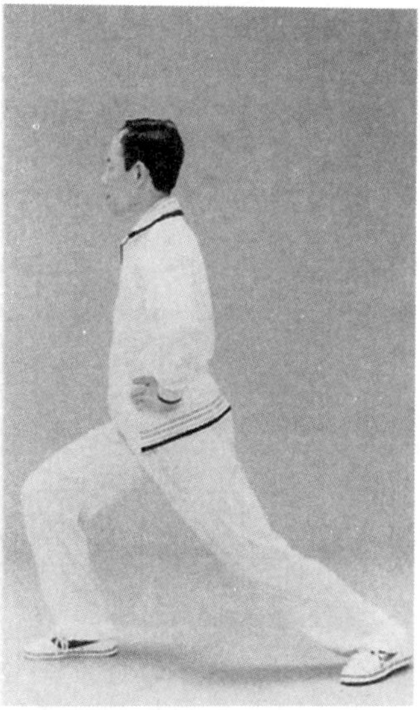

圖39

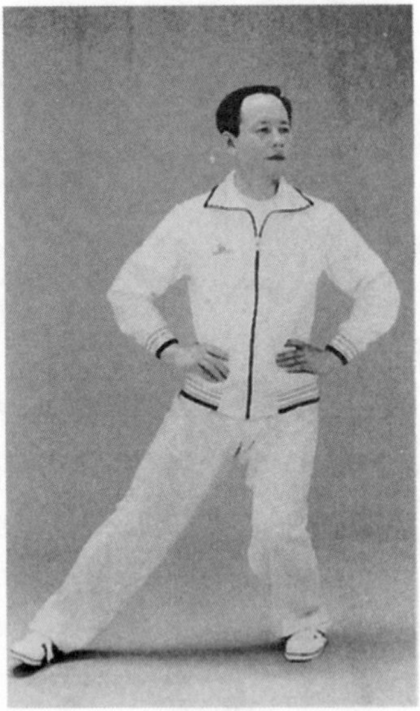

圖40

圖41

⑤體重移到左腳，放低腰身，身體朝左扭轉，右腳腳尖朝向內側靠，移動體重，收起左腳之後往前踏出一步成左弓步。以上的動作要反覆練習（圖40、41、42、43、44）。

〔重點〕

①速度不可以凌亂。在移動體重時要保持穩定，上身要放鬆擺正。此外，兩膝要放鬆、彎曲，腳的動作要輕且具有安定感。膝和腰骨不可挺直，身體不可傾倒，臀部不可突出，更不可彎腰、低頭。

②最初以自然方式呼吸，學會要領之後則要在弓步時吐氣。

圖43

圖42

圖44

6 轉身坐盤

〔準備姿勢〕

雙腳平行，與肩同寬。兩手輕輕插在腰上（圖45）。

圖45

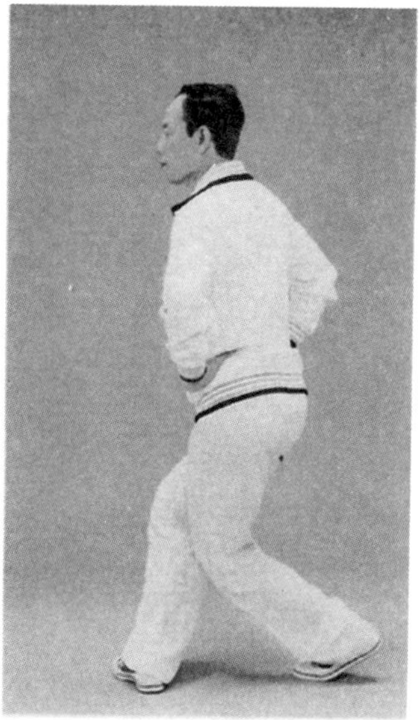
圖46

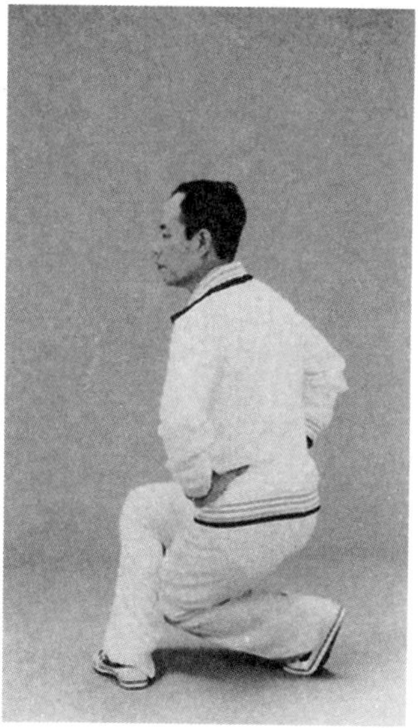
圖47

〔動作〕

①以前腳底爲軸，上身朝右扭轉，使兩腳交叉，深曲膝，上身下落成右坐盤步。前腳置於體前的側面，後方的腳腳跟上抬，使臀部與腳跟靠近（圖46、47）。

②以前腳底爲軸，一邊摩擦地面，一邊用力踩踏，腳部伸直直立轉向前方，回到與準備姿勢同樣的姿勢（圖48）。

③以前腳底爲軸，上身朝左扭轉，使腳部成交叉，深曲膝成左坐盤部。兩腳部的姿勢與右坐盤部相同（圖49）。

以上所敘要反覆練習上身的扭轉，坐盤等。

圖48

圖49

〔重點〕

①以兩腳的前腳底爲軸轉身時的動作要快，坐盤時兩腳要緊緊的交叉，深曲膝落腰。扭腰時，上身要朝向斜前方，加諸肩膀的力量。上身完全挺直，重心置於雙腳之間。

②前腳要整個腳底著地，臀部要接近後腳，但不可置於腳上。後腳的膝也不能跪地。

③剛開始練習時，以自然方式呼吸即可。動作習慣之後，上身下降時吐氣，上身抬起時吸氣。

圖50

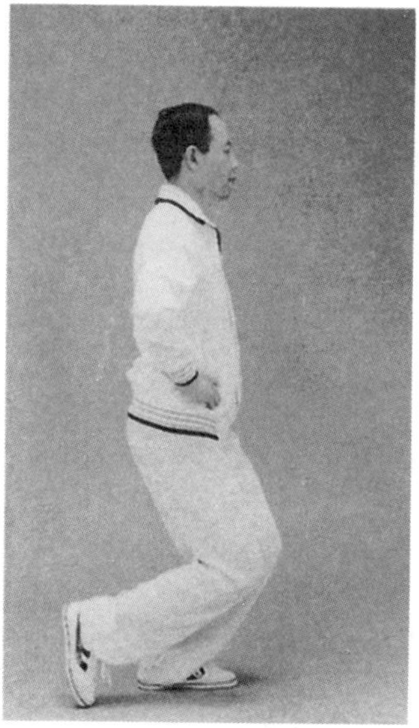
圖51

7 跟步

〔準備姿勢〕

朝向側面站立（與圖12相同）。

〔動作〕

①曲膝落上身，左腳往前踏出一步，重心往前移，彎左膝成左弓步（圖50）。

②右腳靜靜抬起，往前移出半步，落在左腳的後方（圖51）。

圖52

圖53

③重心置於後腳，前腳抬起稍往前移，腳跟著地，腳尖後仰成左虛步（圖52、53）。

圖55

圖54

圖56

④上身朝左轉，左腳腳尖朝外側張開（圖54），重心往前移，右腳抬起往前跨一步（圖55），曲膝成右弓步（圖56）。

圖57

圖58

⑤左腳往前移半步，放在右腳的後方（圖57），重心置於後腳上。右腳稍往前移，腳跟著地成右虛步（圖58）。以上左右交互進行跟步的練習。

〔重點〕

①兩腳上抬、放下的動作要輕柔，重心要保持穩定再移動。上身要經常擺正，保持放鬆的狀態。

②左右步法交換時，腰也要配合，輕輕朝左、右扭轉。

③開始練習時，保持自然呼吸，熟練之後就要配合動作來進行。弓步、虛步時吐氣，交換時吸氣。

運臂

運臂（手臂的運行）的基本功，是指各種手型、手法以及肩、肘、手臂、手腕、手指等，上肢各部位的訓練。太極拳主要的技巧——例如掤、捋（音ㄌㄩˇ，用手指順著摸過去）、擠、按、採、挒、肘、靠等，每一項都是要用到上肢的動作。太極拳，就好像紡線一樣不可中途斷掉，要能圓滑輕柔的持續下去，雖說要柔，但實際上是有飽滿、充實的「掤」力蘊藏在其中。此外還有虛實開合，這些就要由上肢的活動來表現。因此，人家常說太極拳的基礎是在腰和腳部，而姿勢（形）便在於兩手。運臂，也就是手臂動作的基本功，在提升太極拳的技巧上，是非常重要的一環。

1　分靠

〔準備姿勢〕

①兩腳平行張開，身體自然站立。兩腳的間隔與肩同寬，雙臂在體側自然下垂。全身放鬆、姿勢擺正，集中精神，保持自然呼吸。眼睛直視前方。

②雙臂靜靜抬到肩膀的高度。左右手的間隔要與肩同寬。肩放鬆、落肘，手腕下

圖60

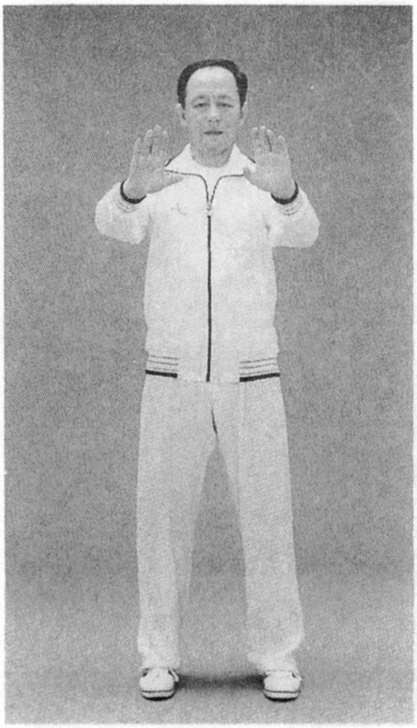

圖59

沈，手指伸直，掌心朝前方下段，稍微停止（圖59）。

〔動作〕

①上身往右扭轉，雙臂在右胸前彎曲，像抱個球似的姿勢（「右抱勢」）。右臂上抬，但不可超過肩膀的高度，左臂在下，但不可低於腰的高度。總之，雙臂要兜成圓形，兩邊的掌心上下斜斜相對，就好像是抱個球的姿勢（圖60）。上身要保持擺正的姿勢，眼睛看著右手臂。

圖61

圖62

②上身朝向前方，雙手半交叉，雙臂分向前上方和後下方移動（左分靠）。左掌在體前停住，掌心朝斜上方，四指朝右，指尖與胸相對。右掌在右腰附近停住，掌心朝下，指尖朝向前方。雙臂在注入某重程度的力量形成圓形，眼睛看著左掌心（圖61）。

③接著是「左抱勢」。首先上身朝左扭轉，雙臂在左胸前彎曲，像抱著球的姿勢。左臂上抬，右臂在下。其他與「右抱勢」的要領相同（圖62）。

圖63

④上身再度朝向前方，雙手成半交叉，雙臂朝前後移動（「右分靠」）。右掌在體前停止，左掌在左腰附近停止。其他與前述的「左分靠」的要領相同（圖63）。

以上的動作要左右互換，反覆練習。

〔重點〕

①頭上抬，放鬆肩膀的力量，稍微收胸，挺直背肌，腰和手臂的動作要保持平衡。往前伸出的前臂，要稍有緊繃感，移到腰附近的手，要稍稍用力放下。也就是說，雙臂的動作要柔中帶剛。而不是完全放鬆力量的動作。此外，在雙臂抱球的姿勢上，手臂要做出圓形，腋下要形成空間，放鬆力量。手肘彎曲、手臂貼近身體的動作都是不正確的。

②爲各位介紹一下叙述「分靠」重點的歌訣（把要領做成歌）。

左右抱分沈肩胸

上靠下採勁不鬆

運臂轉腰須完整
柔中寓剛似開弓

③剛開始時，以自然呼吸的方式來進行，熟練之後，手臂朝前後分開時吐氣，成抱球姿勢時吸氣。

圖64

2　掤按

〔準備姿勢〕

與前項相同（圖59）。

〔動作〕

①雙臂彎曲靠向身體，雙掌通過胸前下降到腹前（「掤引」）。兩手的間隔與肩同寬（圖64）。

②雙臂往前伸直，雙掌由胸前推出（「推按」）。這時的過程，大致於靠攏時相同（圖65）。

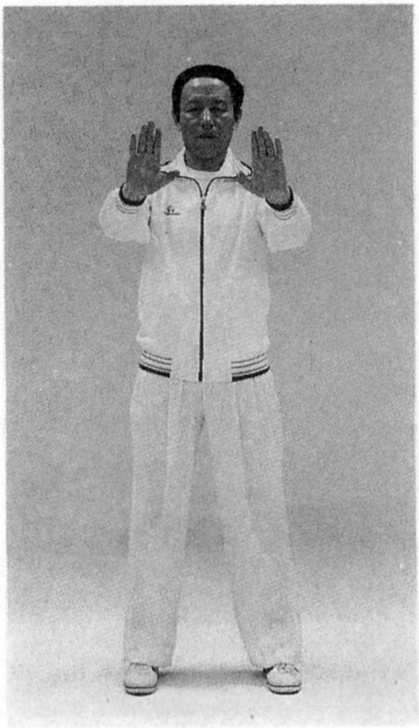

圖65

〔重點〕

①手臂靠攏時，肩膀的力量要放鬆，手肘放下。手指攤開，但要稍微用力（掤勁）。雙掌推出時，頭要往上抬，胸要稍往內側收，手腕下落，手指豎立，掌根要用力。靠攏或推出的動作，全都要以畫曲線的方式進行。

②「掤按」的歌訣如下：

屈臂引化須輕柔
掤在十指細追求
推按發放千鈞力
聽化拿發鬼見愁

③剛開始時，一邊以不勉強的方式呼吸一邊進行。動作熟練之後，在「掤引」時吸氣，「推按」時吐氣。

圖66

圖67

3　摟推

〔準備姿勢〕

與前項相同（圖59）。

〔動作〕

①上身朝右轉，左手通過臉的前方，一邊畫弧一邊帶到右肩前方。掌心向下。同時，右手掌心朝上放下，經過腰際朝斜後方上抬至肩膀的高度。眼睛看著右手（圖66、67）。

②上身朝向前方，左手像是從上往下撫摸似的，通過腹部前方放下到左腰側（摟）。掌心朝下，五指伸向前方。同時，右臂手肘彎曲靠攏，通過耳朵附近後再朝前方推出，在胸前停止。掌心朝前。指尖要在與鼻相對

圖68

圖69

圖70

圖71

圖72

圖73

的位置。眼睛看著往前伸出的手（圖68、69）。

③上身向左轉，右手通過臉的前方，朝左畫弧，帶到左肩前。掌心朝下。同時，左手的手掌朝上，朝斜後方上抬到肩膀的高度。掌心向上。眼睛看著左手（圖70、71）。

④上身再朝向前方，右手放下，通過腹部前方像要朝右腰側撫摸似的（摟）放下。左肘彎曲靠攏，通過耳朵附近後朝前推出。掌心向前，指尖朝上，高度約在鼻子的高度。眼睛要隨著往前推出的那隻手的動作移動（圖72、73）。以上的動作要左右交互反覆練習。

〔重點〕

①要注意腰的動作和扭腰的平衡。手往前推出時，手腕要沈，手指伸直，頭往上抬，肩膀力量要放鬆，稍微收胸，手推出時肩膀要稍微往前送出。抬手臂的動作要順暢，不能有停頓，不要僵硬，一氣呵成連接下個動作。

②歌訣

摟手推掌勤練習

轉腰運臂要統一

不丟不頂勁連貫

輕靈沈實顯功力

③最初以自然呼吸的方式進行，學會動作之後，則要在摟手與推掌時吐氣，扭腰及移動手臂時吸氣。

圖74

圖75

4 捋擠

〔準備姿勢〕

與前式相同（圖59）。

〔動作〕

①上身朝左扭轉，左手翻過來，使掌心斜向相對。這時是右手在前，左手在後。彎曲手肘，用左手摩擦右前臂似的（捋），在腹前靠攏（捋的動作是手和手臂並不接觸）。眼睛看著右前方（圖74）。

②兩掌翻過來朝上，帶到胸前，右掌橫放。左掌的手指附在右手腕的內側（圖75）。

圖76

圖77

③上身朝右前方扭轉，左掌手指附在右手上，朝右前方推出，保持在胸的高度。雙臂看起來成圓形，但有張力。眼睛看著右手（圖76）。

④上身朝左前方扭轉，左掌通過右掌之上，朝左前方像畫弧般的移動。掌心向下。同時，右掌稍微靠攏，移到左前臂的下方。這時，兩掌要相對。眼睛看著左掌（圖77）。

圖79

圖78

⑤上身朝右扭轉，右手像是撫摸左前臂似的（捋）。雙掌移到腹前之後手掌翻過來朝上，橫放在胸前的左掌的手腕內側添上右手的四指，上身朝左扭轉，朝左前方推出。雙臂成圓形但有張力。眼睛看著左掌（圖78、79、80）。以上的動作，左右交互反覆練習。

〔重點〕

①「捋擠」的動作，必須注意腰和背骨的扭轉與平衡。體重要不斷在雙腳間移動。此外，還要經常保持頭上抬，腰挺直、放鬆肩膀的力量、胸挺直、手臂成圓形但具有張力的姿勢。

圖80

②「捋」的動作，是在雙掌的位置前後交互變換中進行，而「擠」的動作則是雙掌左右交互橫放，另一隻手的四指添於其上。從「捋」到「擠」時，轉動前臂時要注意，在左右動作交替時，要在交掌畫圓時移動。

③歌訣

運臂圓活練捋擠
走化發放打根基
捋在掌心腰脊轉
擠在前臂鬆胯膝
平圓換勢勁不斷
捋吸擠呼氣合一

圖82

圖81

5 架推

〔準備姿勢〕

與前項相同（圖59）。

〔動作〕

①上身朝右扭轉，雙臂手肘彎曲，在右胸前做抱球的動作。與前述的「分靠」的動作相同（圖81）。

②上身朝左前方轉，左手通過胸前，手掌翻轉上抬，罩向頭部的左上方。掌心朝上。右手放下，從腹前朝左前方推出，掌心朝前，手指朝上，與鼻子相對。眼睛看著右手（圖82、83）。

③兩手放下，在左胸前成「抱球」的姿勢。動作與「分靠」的「左

圖84

圖83

抱勢」的姿勢相同（圖84）。

④上身朝右前方扭轉，右手通過手臂前，手掌翻轉朝上，罩在頭部的右上方。掌心朝上。左手放下，通過腹前朝右前方推出。掌心朝前，手指朝上，與鼻子相對。眼睛看著左手（圖85、86）。以上的動作要左右交互反覆練習。

圖85

圖86

〔重點〕

①「架推」的動作要注意腰和背骨的扭轉與平衡，體重置於雙腳之間，配合身體的動作移動。手罩在頭上時，頭要挺起，放鬆肩膀的力量，手臂像要朝外臂張開的樣子。「推掌」時，扭轉肩，送出肩，稍微收胸，手肘放下，手臂下沈。

②歌訣

運臂架推腰做軸
左旋右轉得自由
沈肩墜肘輕塌腕
蓄吸發呼顯剛柔

圖87

6　貫拳

〔準備姿勢〕
與前項相同（圖59）。

〔動作〕
①雙手手掌翻轉放下，掌心朝上放在腰際（圖87）。

②雙掌握拳，拳心反轉通過兩側，一邊畫弧一邊往頭的前方到達耳的高度，兩拳的拳眼朝斜下方，兩拳的間隔約一個頭的大小。眼睛直視前方（圖88）。

③兩拳的拳心反轉，放回腰處，再通過體側，一邊畫弧一邊朝頭的前方打出。以上的動作要反覆練習。

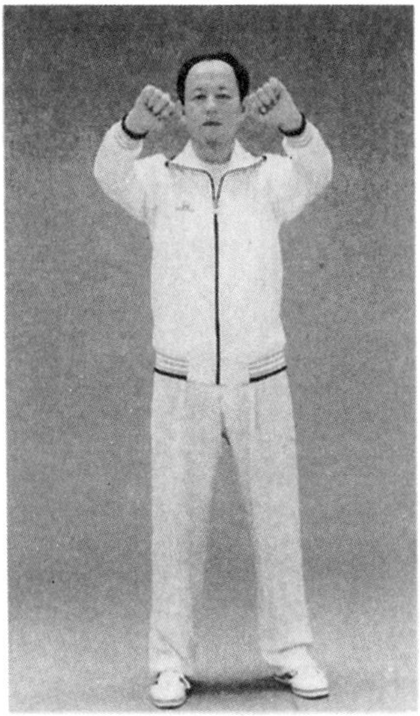

圖88

〔重點〕

①雙拳朝頭前打出（貫打）時，頭要挺直，放鬆肩膀的力量，手肘放下，手臂下沈。低頭駝背、手肘吊起等的動作都不好。此外，雙臂朝頭部前方畫弧上抬時，前臂也要稍微轉動一下。

②歌訣

貫拳繞打前臂旋
頂頭沈肩身勿偏
兩臂撐圓肘下墜
吸收擊呼氣力添

圖89

圖90

7 雲手

〔準備姿勢〕

與前項相同（圖59）。

〔動作〕

①上身朝右扭轉，右手轉向內側朝臉前移動，手掌與臉相對。左手放下到腹前，掌心朝下。眼睛看著右手（圖89）。

②上身繼續向右扭轉，右手從臉前帶到右邊，左手從腹前帶到右邊，都要畫弧轉向右邊，到達身體右側時，兩手的掌心同時翻轉過來，右手朝外側（右），左手朝內側（左）。眼睛要隨右手的移動而移動（圖90）。

圖92

圖91

③上身朝左扭轉時，兩手的位置要分置上下，隨著上身的動作一邊畫弧一邊轉動。視線要隨著左手（圖91）。

④上身持續朝左扭轉，雙手隨著這個動作也朝左轉動。雙手來到身體左側時，雙手同時反轉，左手的掌心朝外側，右手的掌心向著內側（圖92）。

⑤上身再往右扭轉，左手隨之通過臉前，同時右手通過腹前朝右畫弧轉動。以上的動作要反覆練習。

〔重點〕

①雙臂轉動時，雙臂手肘要稍微彎曲成半圓形的狀態。既不可完全伸直，也不可極端彎曲。雙手經過的路

圖93

圖94

線，要好像二個重疊的橢圓形一般。雙手的動作若能順暢、連續，就能取得與腰的動作之間的調和。頭挺直，腰放鬆，背肌伸直，稍微收胸。

②歌訣

兩臂運轉練雲手
左右轉腰眼隨手
周身完整勢連貫
呼吸調整須自由

8 撇拳

〔準備姿勢〕

與前項相同（圖59）。

〔動作〕

①上身稍往右轉，雙手稍往右移，在身體的前方雙手相對，成「捋

圖95

圖96

勢」的姿勢。眼睛看著右手（圖93）。

②上身朝左轉，左手像要往後拉似的攤開，頭隨上身的動作朝左轉動（圖94）。

③右手握拳，放下到腹前，拳心朝內側。左手反轉，一邊畫弧一邊往上抬，置於右前臂的上方。頭向右前方（圖95）。

④上身朝右轉，右拳通過頭前，朝臉上鼻子高度的地方打（撇打）。這時拳心要朝上，用拳背打。左手添在右前臂的內側，眼睛看著右拳（圖96）。

⑤上身向左轉，左手往前伸出，右拳變爲掌回到左前臂下方，雙手斜

圖97

圖98

向對合成「捋勢」的姿勢（圖97）。

⑥上身向右轉，右手像要拉到後方似的攤開，頭隨上身的動作往右轉動（圖98）。

⑦左手變成拳頭下降到腹前，拳心向內側。右手反轉，一邊畫弧一邊帶到右前臂的上方。頭朝向左前方（圖99）。

⑧上身朝左扭轉，左拳通過頭的前方，瞄準臉前鼻高的位置打。這時，拳心朝上用拳背打。此外，右手的位置不變，眼睛看著左拳（圖100）。以上的動作反覆練習。

〔重點〕

①撇拳的動作，要注意與腰動作的調和。頭挺直，放鬆肩膀的力量，

圖99

圖100

腰放鬆，心情穩定。雙臂不可伸直，手肘彎曲成弧形。舉拳要往下打之前要吸氣。拳不要握得太緊，手肘不可上抬，拳往下打時要吐氣。拳要有力。全身的動作要取得平衡。

②歌訣

泰山壓頂撇身捶
頂頭沈肩轉腰隨
舉拳吸氣落呼氣
內外合一有神威

圖101

圖102

9 平圓

〔準備姿勢〕

與前項相同（圖59）。

〔動作〕

①體重向右移，上身稍往右轉的同時，右手向右平移，掌心反轉向上，左手的手指抵住右手腕的內側。眼睛看著右手（圖101）。

②體重往左移，上身向左轉，右肘彎曲，右手在右側畫小弧後再靠向右肩前方。指尖朝右，掌心朝上。左手配合右手的動作畫弧、靠攏，然後貼在右手腕上。眼睛看著右手（圖102）。

③上身繼續朝左扭轉的同時，右

圖104

圖103

手手掌翻轉，一邊畫弧一邊朝左移至左肩前方。掌心朝左。同時，左手手掌翻轉畫弧，掌心朝上，然後貼在右手腕內側。眼睛看著右手（圖103）。

④體重往右移，上身朝右轉的同時，右手向著右前方畫弧推出。這時掌心朝前。左手配合右手的動作畫弧，貼在右手腕上。眼睛看著右手（圖104）。

⑤體重朝左移，上身朝左扭轉，同時左手移向左邊，朝左肩的前方伸出。掌心朝上，右手貼於左手腕的內側。這時掌心朝下，與左手同時移動。眼睛看著左手（圖105）。

⑥體重往右移，上身朝右扭轉，左肘彎曲，通過左側畫小弧後靠向左

圖105

圖106

肩前。指尖朝左，掌心朝上。右手要隨著左手的動作一邊畫弧一邊手肘彎曲靠攏，接著貼在左手腕上。眼睛看著左手（圖106）。

⑦上身繼續往右扭轉，左手隨之翻轉手掌、畫弧，移到右肩前。掌心向右。同時，右手的手掌翻轉、畫弧，掌心向上，放在左手腕的內側。

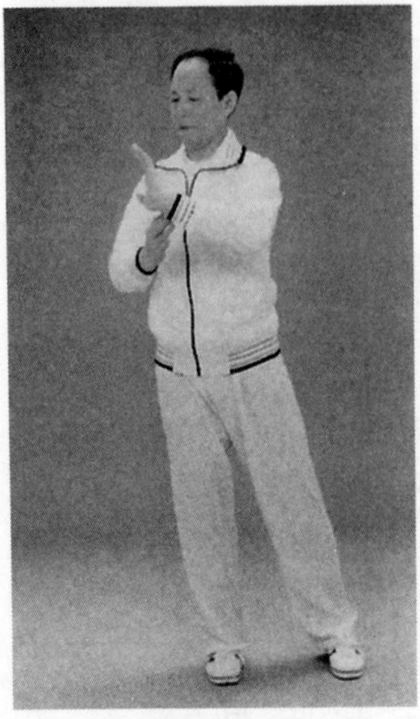
圖107

圖108

眼睛看著左手（圖107）。

⑧體重向左移，上身朝左扭轉，左手隨此動作在左前方畫弧推出。這時掌心要朝前方。右手要隨著左手的動作畫弧，接著貼在左手腕上。眼睛繼續看著左手（圖108）。以上的動作要反覆練習。

〔重點〕

①手或手臂的動作要順暢、一氣呵成的結果，一邊畫平圓一邊轉動。這時，要注意腰的動作與體重移動的平衡。上身放鬆，但姿勢要擺正，頭要挺直，肩膀的力量要放鬆，稍微收胸，腰挺直，雙臂放鬆。但之中還是要注入力量（掤勁）才行。彎曲手肘靠攏時，手肘不可上抬。此外，肩膀也不能端起，或扭轉脖子。推出手掌時吐氣，手臂轉動、移動時就要吸氣。

②歌訣

平圓掤按勢不停　轉腰移體須完整
頂頭豎頸鬆肩胸　連貫圓活虛實明

腿功

腿功，是指各種的腿法及下肢的柔韌性以及控制力的訓練。武術就相當重視腿功的訓練。因爲這是在保證技巧。提高身體的素質上很重要的基本功。

1 壓腿

①正壓 身體筆直朝前，單腳站立支撑身體，另外一隻腳朝前方水平抬起，腳脖子靠在肋木或其他的物體上，腳尖後仰，膝盡量伸直，雙手壓膝，上身反覆朝前上倒及挺起（圖109）。

圖109

圖110

圖111

用力的方法以及身體起伏的動作要逐漸增大，盡可能讓下巴靠近腳趾。腳要左右交互放在肋木上練習。若將腳抬到較高的地方進行壓腿就叫高壓腿（圖110）。若將腳放在地面進行壓腿就稱爲低壓腿（圖111）。

高壓腿和低壓腿的做法與要領，均與正壓腿相同。

②側壓　站在肋木或其他物體之旁。以單腳支撐身體站立，另外一隻腳則水平置於肋木上，或是放在高處或地面。腳尖後仰，將支撐的腳同側的手往上抬，另外一隻手則伸向外側。上身朝向側面用力擺動。用力的方式及擺動身體的幅度要逐漸增加，盡可能讓頭靠近腳趾（圖112、113、

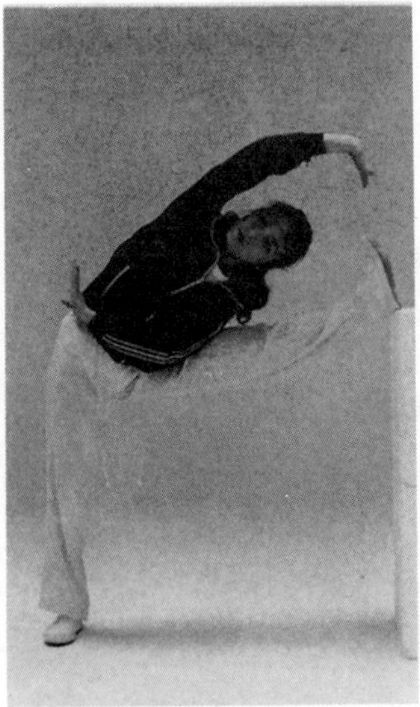

圖112

圖113

114）。腳要左右交互練習。

③仆壓　雙腳盡量張開站立，單膝深彎曲，腰盡量下落，另一隻腳朝側面伸直。單手抵住膝，另一隻手抓住腳趾，上身倒向腳伸直的那一側，反覆按壓，頭盡可能接近腳趾（圖115），左右腳交互練習。

④坐壓　臀部貼於地面，雙腳伸直左右張開，腳趾後仰。雙手抵住膝，上身往前方倒，反覆按壓。讓下巴盡量接近腳趾（圖116）。雙腳交換，進行幾次按壓後，單腳的膝彎曲，足脛往後拉，大腿部與足脛，腳底心的外側貼於地面，上身反覆朝腳伸直的那一側按壓。這時，雙手要握住前腳（圖117）。雙腳左右交互練習。

〔重點〕

①上身往前按壓時，腰要伸直、挺胸、挺直背肌、挺直頭、不可低頭、彎腰。朝側面按壓時，也要挺胸、腰伸直。按壓時的力量，剛開始要小，以後要逐漸加大。力量的程度因人而異。不要因用力過度而受傷。一隻腳的練習結束之後，先動一動放鬆一下，然後再進行另一隻腳的訓練。

圖114

圖115

圖116

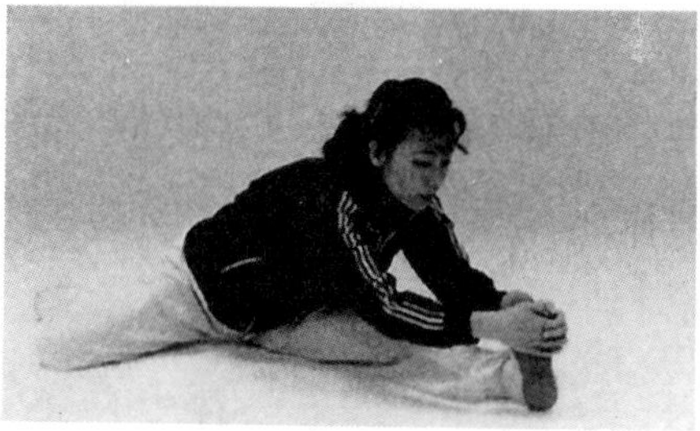
圖117

圖118

圖119

②正壓、側壓時，雙腳都要伸直，不可彎曲。仆壓時，雙腳均不可離開地面。伸向側面的腳部也不可彎曲。坐壓時，雙腳要盡量張開，往前按壓時，雙腳不可彎曲。

2 搬腿

①**飛搬**　二人一組練習。一人靠著肋木或牆壁站直，單腳往前抬起。另外一人用一隻手扶住腳，幫助對方將腳往上抬。而另一隻手則用來支撐肩膀，反覆加以振動，幫助腳往上抬。這時，用力的方式及振動的幅度要逐漸加大，盡可能讓腳尖靠近頭部（圖118）。雙腳交互變換練習。

②**側搬**　二人一組練習。其中一

人側靠著肋木或牆壁站直。一隻腳朝側面抬起。另外一人用一隻手扶住腳，另一隻手則將舉起腳同側的手像要拉住似的握住，反覆將腳往上抬加入振動。這時，加入的力量及振動要逐漸加大，用力盡可能讓腳尖靠近頭部。練習側搬的那一人，另一隻手上抬，使接近腳尖（圖119）。兩腳交換抬起練習。

③仆搬　二人一組練習。雙腳各自朝相反側大幅度張開站立。這時，左腳與左腳（或是右腳與右腳）併攏，握住與腳同側的手。採仆步的姿勢按壓，最後，握住對方腳脖子內側靜靜按壓（圖120、121）。左右腳交互練習。

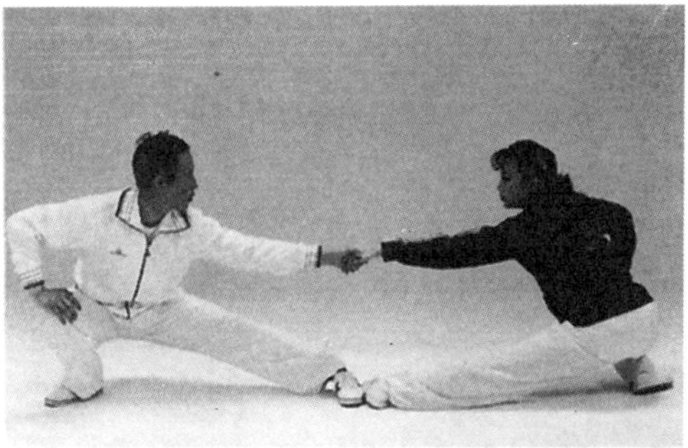
圖120

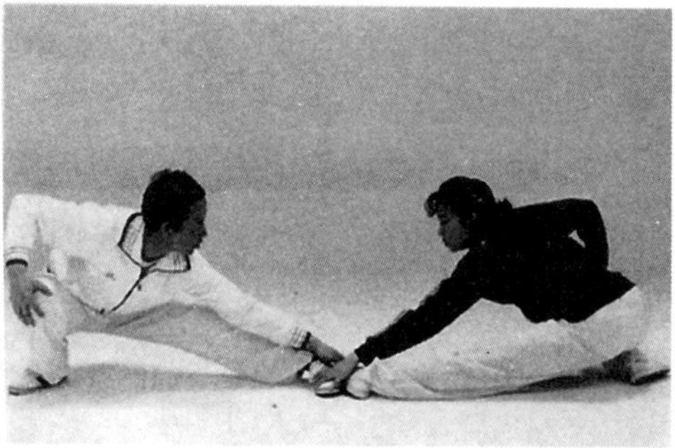
圖121

圖122

④**抱搬**　用單腳支撐身體站立，另外一隻腳的膝要彎曲、抬高，雙手用力按壓膝的外側與腳背，用手將其拉到胸前。上身挺直，保持穩定感（圖122）。腳要交互練習。

〔重點〕

①二人成一組練習時，互助合作很重要，要在各自能進行的範圍內進行。不可一口氣就讓腳尖碰到頭。單腳練習結束之後，要動動、擺盪一下腳，使其放鬆，然後再進行另一隻腳的練習。

②其他的都與壓腿的要領相同。

圖123

圖124

3　踢腿

①身體筆直朝前方站立，雙手朝側面抬起至與肩同高。右腳往前踏出（腳尖朝外側張開，稍往前進），左腳的腳尖後仰，迅速朝額頭踢起。踢出的腳靜靜的在體前放下，腳尖著地（圖123、124、125）。

②左腳往前踏出（墊步），右腳腳尖朝向額頭，右腳往上踢（圖126、127）。雙腳交互變換，一邊連續前進一邊練習。

〔重點〕

①支撐身體的那隻腳，要牢牢站好保持穩定感，上身要挺直、挺胸、抬頭看前方。腳上踢時，腰骨要放

圖127　圖126　圖125

鬆，收縮下腹部，膝伸直，腳尖後仰，迅速往上踢，靜靜放下。雙手像要向外側頂住似的側舉起，上身和雙臂不可彎曲或晃動。

②往上踢時的速度和力量要逐漸加大。抬起的那隻腳的高度，最初可能無法接近頭，因而要逐漸增高。不要太過用力，以免受傷。練習結束後要鬆弛腳和身體，放鬆緊張。

圖129

圖128

4　蹬（分）脚

〔準備姿勢〕

身體以自然狀態站立，雙腳平行打開與肩同寬。雙臂慢慢往前抬至肩膀的高度。雙手的間隔與肩同寬，掌心朝前方下段。上身挺直放鬆，呼吸自然，眼睛直視前方（圖128）。

〔動作〕

①體重置於右腳，曲膝，稍落腰，上身稍微往右轉，頭向左前方。同時，雙臂在身體的兩側放下（圖129）。

圖131

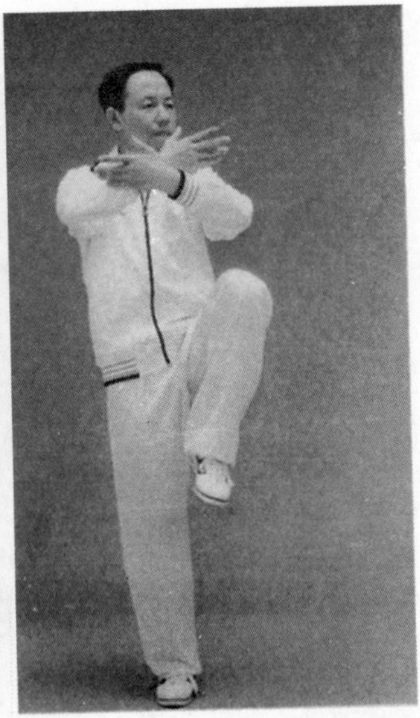

圖130

②用右腳踏地支撐身體站立，左腳曲膝抬起，雙手在腹前會合之後再交叉下抬至胸前，掌心向著內側（圖130）。

③雙手從頭的前方往左右張開，朝側面移動。高度與肩膀保持水平，掌心向外側，兩肘稍微彎曲。同時，左腳朝左前方上段慢慢的推出。這時，腳跟用力推出，腳尖朝上後仰。眼睛朝左前方看（圖131）。

圖132

圖133

④彎曲左膝靠攏，在原先的位置放下，體重移到左腳，上身稍往左轉。同時，雙臂通過體側放下，頭轉向右前方（圖132）。

⑤以左腳用力踏地，支撐身體站立，右腳曲膝抬起，雙手在腹前會合後抬至胸前，手腕交叉，掌心向內側（圖133）。

⑥雙手從頭的前方朝左右張開，朝向體側移至肩膀的高度。掌心向外側，雙肘稍微彎曲。同時右腳朝右前方慢慢推出。這時，腳跟用力，腳尖往上後仰。眼睛看著右前方（圖134）。

以上需要左右反覆練習。

圖134

〔重點〕

①動作要平均，不可停頓，要能連續，手朝左右張開的動作（分手）和腳跟推出（蹬腳）的動作要取得平衡。

②單腳支撐身體站立時要保持穩定感，腳要以自然的狀態伸直。推出的腳，要比腰的高度稍高些，與往前伸出的手上下相對。上身挺直，放鬆肩膀的力量，手肘下沈。不可低頭、彎腰，或者是屏住呼吸。

③「分腳」的動作與「蹬腳」的動作相同，但是，腳背要伸直，腳尖要用力，慢慢的踢出。

圖136

圖135

5　拍脚

〔準備姿勢〕

與前項相同（圖128）。

〔動作〕

①左腳往前伸出（墊步），體重往前移，上身稍往左轉。同時，右手稍往上抬，左手由下通過後方移向斜後方，上抬到肩膀的高度。眼睛看著前方（圖135）。

②以左腳支撐身體站立，右腳迅速朝前方上段踢出。這時，腳背伸直，在額頭前方用右手打右腳背。擊拍要有響聲，正確的拍打。這時，上身挺直，左手伸向後方，手的位置不變，眼睛看著擊拍的腳（圖136）。

圖138

圖137

③右腳曲膝放下，腳往前伸出（墊步），體重往前移，上身往右轉，同時，左手移到上方，再往前移帶到頭的前方。右手向下移，再往後移帶到右肩後方。眼睛看著左手（圖137、138）。

④用右腳支撐身體，左腳朝前方上段迅速踢出。腳背伸直，在額前用左手拍打左腳腳背。擊拍要正確發出聲響。上身挺直，右手伸向後方，手的位置不變。眼睛看著擊拍的腳（圖139）。左右交互擊拍，連續練習。

〔重點〕

①頭挺直，腰伸直，上身挺直。兩腳也要伸直。擊拍的動作時腳背要伸直，手腕要有反彈力，當腳在最高

圖140

圖139

的狀態時拍打。

②腳往前伸出（墊步）時，腳尖朝外側張開。墊步的步幅爲腳底的長度。擺盪手臂的動作及扭腰、送出肩的動作都要取得平衡。

6 擺蓮脚

〔準備姿勢〕

與前項相同（圖128）。

〔動作〕

①體重向左移，雙手移到右方，上身朝左轉，眼睛看著左前方（圖140）。

圖141

圖142

②以左腳支撐身體站立，右腳通過左方，上方朝右方如畫扇形般的踢出。這時，腳背要挺直。同時，雙手從右移到左，在頭前拍打右腳背。這個動作一定要正確的發出聲響來進行。眼睛看著抬起的腳（圖141、142）。

圖144

圖143

③擊拍結束之後，右腳曲膝靠攏，在身體的右側放下，體重移到右腳。眼睛看著右前方（圖143、144）。

圖146

圖145

④以右腳支撐身體，左腳通過右方、上方朝左像畫扇形般的踢出。這時，腳背要伸直。同時雙手從左到右甩出，在頭前拍打左腳腳背。這個動作要正確的發出聲響來進行（圖145、146）。雙腳左右交互變換練習。

〔重點〕

①腳踢出時，要扭腰、伸直腰骨的關節，腳要以扇形的路線踢出。雙腳都不可彎曲。擊拍時，雙手前後拍打腳背，會有二次響聲。

②頭挺直，腰伸直，上身挺直放鬆，稍往前傾。

圖148

圖147

7　獨立挑掌

〔準備姿勢〕

與前項相同（圖128）。

〔動作〕

①雙手放下，曲膝落腰，體重移到右腳，眼睛看著正前方（圖147）。

②以右腳支撐身體站立，左腳在體前曲膝上抬，膝的高度要在比大腿根部稍高的地方。足脛朝內側收，腳尖往下抬起。同時，左手成側立掌，上抬至臉前。指尖不可超過眉毛的高度，右手在右腰附近做出往下壓的動作。眼睛看著左手（圖148）。

圖150

圖149

③左腳在原先的位置放下，右腳曲膝抬起，以左腳支撐身體站立。同時放下左掌，在左腰附近做出往下壓的樣子，右手成側立掌抬至臉前。眼睛看著右手（圖149、150）。

〔重點〕

①手和腳的動作要一致。以單腳站立，舉起側立掌時，肘與膝要成相對的樣子。

②頭挺直、放鬆肩膀的力量，上身挺直，姿勢擺正。雙臂成半圓形，支撐身體的那隻腳要伸直，而另外一隻腳則要曲膝上抬至體前。

圖152

圖151

8　仆步穿掌

〔準備姿勢〕

與前項相同（圖128）。

〔動作〕

①體重往右移，上身朝右轉，右手帶到右前方，成鉤手。左手通過頭前移到右肩前，掌心向外側。同時，右膝彎曲落腰，左腳朝左側伸直成側方步。眼睛看著右鉤手（圖151）。

②右膝再彎曲，深落腰，上身朝左轉成左仆步。同時，左手朝著左腳內側往前伸出。這時，掌心向右，眼睛看著左手（圖152）。

③體重往左移，左膝彎曲，右腳伸直成左側弓步。同時，左手上抬成鉤手，

圖153

圖154

右手上抬再朝左畫弧移到左肩前。掌心向外側，眼睛看著左鉤手（圖153）。

④左膝再彎曲，深落腰，上身向右轉成右仆步。同時，右手沿著右腳部的內側往前伸出。掌心朝左，眼睛看著右手（圖154）。以上的動作左右反覆練習。

〔重點〕

①採仆步的姿勢時，單邊的腳要深曲膝，完全落腰，另一隻腳則要完全伸直。雙腳的腳底一定要緊貼地面。上身在伸直腳的那一側要稍往前傾。

②頭要挺直，腰要伸直，雙臂成一斜線，肘關節稍微彎曲，肩膀力量放鬆，手肘要下沈。彎腰、低頭、臀部上抬等都是不好的姿勢。

發勁

太極拳的術語中有「運勁」「拙力」「僵力」「發勁」等字眼。所謂「運勁」，是指規則的、有技術的用力。而所謂的「拙力」「僵力」，是指緊張笨拙的用力方式或具破壞力的用力方式。而「發勁」是結合身法、手法、腿法，所集中產生的爆發性稱爲「運勁」。

發勁不只廣泛應用在推手對抗時，在套路的動作中也經常可見。發勁能取得全身的平衡，能夠迅速的剛中帶柔，要注意氣與力的結合，同時前後的動作不能停頓，要能連貫，虛實要分明。

「蓄勁」就像拉弓的弦一樣貯備力量，「發勁」則如箭射出般的將力量發散」。發勁在太極拳的拳技中是非常重要的一環。

圖155

圖156

1 捋擠

〔準備姿勢〕

身體自然直立，雙臂下垂，心情穩定，身體放輕鬆，自然呼吸（圖155）。

〔動作〕

①右腳朝右後方退一步，左膝彎曲成左弓步，雙臂朝左前方伸出。掌心斜相對，眼睛看著左手（圖156）。

②重心後移成左虛步，上身朝右轉，雙手移到腹前（捋）（圖157）。

③上身朝左轉，雙臂轉動，在胸前朝前方推出（掤）。掌心前後相對，全身放鬆，呼吸要平靜、緩慢，腰與背要蓄力，眼睛直視前方（圖158）。

④用右腳（不可離開地面）踩踏

右勢　　圖157

地面（蹬地），身體突然往前（或是往下）沈，雙腳部像要縮起似的稍微曲膝，重心移到雙腳之間，用腳趾抓住地面。同時，雙臂成圓形，以左前臂爲力點，右掌放在左前臂的內側，腰和腳部用力（發力），往前推出。眼睛直視前方（圖159）。

〔要點〕

①發勁是突發的，迅速的將力量集中在一點來進行，容易取得全身的平衡，「外開內合」也就是手臂和腳在外形上是伸向外側，但實際上肌肉是緊縮的。這時，頭要往上挺直，肩膀力量要放鬆，稍稍收胸，背肌伸直，腰挺直，收縮臀部，腹部用力，一氣呵成吐氣，收縮腹肌，氣沈丹

圖158

圖159

田，運氣，隨爆發性的威力而帶來彈性。發勁之後，要立刻回到全身自然放鬆的狀態。

②以上的動作要反覆練習。朝左側的發勁練習反覆八～十次之後，再換爲右側的姿勢，反覆練習八～十次。練習時，動作要極力保持正確，一邊取得平衡，一邊剛柔交互進行，不可馬馬虎虎，緊張僵硬；也不要屏住呼吸發出「拙力」。

右勢

圖160

圖161

2　掤按

〔準備姿勢〕

與圖155的姿勢相同。

〔動作〕

①重心後移成左虛步，雙臂朝外側伸出（掤）同時放下，雙手來到腹前時左右手分開，掌心朝上（圖160）。

②雙手反轉移到體前，左手帶到肩膀的高度，右手在左肘內側停住。全身放鬆，力量貯存在腰與背，呼吸平靜緩慢，眼睛直視前方（圖161）。

右勢　　　　圖162

③右腳踩踏地面，身體突然往下或往前落，縮雙腳，稍微曲膝，重心移到兩腳之間，腳趾抓住地面。同時，雙掌的手腕朝下，手指伸直，掌根用力，虎口成圓形，腰與腳用力往前推，形成爆發的彈力。眼睛直視前方（圖162）。

〔要點〕

與「捋擠」相同。

圖164　　圖163

3　衝靠

〔準備姿勢〕

與圖155的姿勢相同。

〔動作〕

①上身朝右轉（右腳的腳尖稍往外側張開）重心後移，右手放下之後往右畫弧移動，左手往上舉之後往左畫弧移動（圖163）。

②右手通過身體的右側上抬，左手通過右肩前方，握拳放下，轉頭看左前方（圖164）。

圖165

圖166

③右手彎曲帶到左胸前，立掌朝左，左拳在股前放下。這時拳心向左側。收胸吸氣，力量貯備在肩與背部，重心置於右腳（圖165）。

④右腳踩踏地面（蹬地），身體突然往下（或往前）落下，收縮雙腳曲膝，重心移到雙腳之間成半馬步。兩腳腳趾牢牢抓住地面，同時以左肩爲力點，腰與腳用力，身體朝前挺出，右手放在左手臂的內側，幫助發勁。眼睛看著左下段（圖158）。

圖167

右勢

〔要點〕

發勁時的步型是半馬步。上身朝向左前方，右肩、右膝稍往內側靠，股間張開成圓形，兩腳張開成九十度的角度。其他與捋擠式相同。

4　滾肘

〔準備姿勢〕

與圖155的姿勢相同。

〔動作〕

①重心往左移，上身朝左轉，左拳是手肘彎曲帶到胸前。右手握成拳頭往下移動（圖167）。

右勢

圖168

②重心向右移，上身朝右轉。右臂轉向內側，好像要朝外側戳似的伸出，右拳橫放在胸前，拳心朝向外側。左臂轉向外側，左拳拳心朝向內側往右戳，在右臂的內側停止（圖168）。

圖169

③上身稍向左轉，收胸吸氣，力量貯備在腰與背，雙臂慢慢翻轉，右拳稍往上抬（圖169）。

④身體突然往左轉，落腰，收縮雙腳曲膝，重心移到左腳成左弓步。同時，右前臂朝外側轉往下壓（滾肘），右拳在身體的右前方停止，與弓步的方向相對，大約成六十度的角度。拳心向上。左拳要隨著以上的動作靠向左腰，拳心也是向上。眼睛看著右拳（圖170）。

〔要點〕

轉肘下壓的動作與扭腰曲膝、落腰沈氣的動作要保持平衡。

發勁要迅速、完全。力點要置於右（左）前臂。這時，頭要挺直，肩

右勢　　圖170

膀力量要放鬆，收胸、挺直背肌。此外，股間也要成圓形，雙臂是往前伸出的手臂要往下壓，另一隻手臂則好像要拉到後方似的要互相保持平衡。其他則與捋擠式相同。

圖172

圖171

5　衝打

〔準備姿勢〕

與圖155的姿勢相同。

〔動作〕

①重心移到雙腳之間，身體放輕鬆，雙拳變成掌，掌心朝上靠在腰上（圖171）。

②雙臂通過左右兩側上抬，雙腳自然伸直（圖172）。

圖174

圖173

③雙膝彎曲落腰，上身朝右轉，同時雙手在臉前會合，右手變成拳，落在左掌的掌心上（圖173）。

④收胸，收腹，力量貯備在腰與背部，雙手下放到腹前。這時，拳心及掌心均向上（圖174）。

⑤右腳突然踩踏地面（蹬地），腰向左扭轉，左膝彎曲成左弓步的同時，右拳拳心朝下翻轉朝右前方伸出。右拳伸出的角度與弓步的方向相對成六十度。左掌變成拳，拳心朝上靠在左腰。眼睛看著右拳（圖175）。

〔要點〕

①衝拳在發勁時，必須調整蹬腿、轉腰（腰的扭轉）的平衡，一方面要使全身的動作一致，一方面要在

左勢　　圖175

爆發性的氣勢中取得彈性。同時，頭挺直，肩膀落下，配合吐氣一邊的手臂往前伸出，一邊的手臂往後拉。發勁之後，身體要立刻放鬆。其他與捋擠式的要領相同。

圖177　　右勢　　圖176

6　撇打

〔準備姿勢〕

與圖155的姿勢相同。

〔動作〕

①重心邊向右移上身邊往右轉，左拳是拳心向內側通過腹前往右移，右拳變成掌，擺在左臂內側（圖176）。

②雙肘彎曲，以抱物的姿勢往上抬，收胸吸氣，力量貯存在肩與手臂，重心稍往上抬。頭轉向左邊看著左前方（圖177）。

右勢　　圖178

③右腳踩踏地面（蹬地），上身朝左轉，身體突然往下或往前下沈，縮左腳，曲膝，重心往前移成左弓步。同時，左拳往上抬，通過頭頂迅速拳背朝下往前方打出（撇打）發勁，在臉前停止。方向需與弓步的方向一致。右手添在左手臂上幫助發勁。眼睛看著左拳（圖178）。

〔要點〕

發勁，要配合腰的扭力、腳的動作（弓腿）、肩的放鬆、呼吸來進行。其他的要領則與衝打相同。

圖179

圖180

7 攔打

〔準備姿勢〕

與捋擠的準備姿勢相同（圖155）。

〔動作〕

①右腳後退半步的同時，雙臂轉向內側，左手成拳伸向前方，右手移到後方（圖179）。

②上身向左轉，重心往後移，左腳慢慢靠攏（前腳底不可離開地面），雙臂轉向外側。左拳朝向外側畫弧，移至身體的左側，右掌則移至身體的右側（圖180）。

③延續前式，重心繼續往後移，左腳拉到右腳的方向。這時，腳跟需

圖181

右勢

離地而移動。同時，收胸吸氣，力量貯存在腰與背，左拳拳心向上擺在左腰，右掌則掌心朝左向體前伸出、形成阻擋（對方）的姿勢（圖181）。

④左腳突然迅速往後退，踏地落下，腰迅速往右轉，雙腳成前後交叉，曲膝半落腰成半坐盤步。同時，拳眼朝上左拳往前打出，右掌靠向手臂的內側。眼睛看著左拳（圖182）。

〔要點〕

①拳打出時，腳要突然後退，扭腰落腰、曲膝。前腳稍微朝向側面，後退的那隻腳，在踏地之後腳跟要迅速抬起。拳要緊貼於身，邊轉邊往前打出。這時，要好好的取得全身的平衡。同時，上身要稍往前傾，扭腰、

右勢　　圖182

送出肩，收胸、背肌挺直，腹肌用力，配合吐氣凝聚力量。發勁之後，需立刻放鬆身體。

②發勁結束後，起身，左腳往前踏出一步，回到圖155的姿勢，反覆繼續練習。各動作連續練習八～十次之後，換成右勢（朝右側的姿勢）練習。動作要正確且要取得平衡來進行，要剛柔並濟。絕對不可馬馬虎虎，或是太過緊張而屏住呼吸。

第三章 簡化二十四式太極拳

▲李天驥老師（中國武術協會副秘書長）的太極拳

▼指導女兒李德芳的李天驥老師。後面爲李德印、葉書勳等各位先生

▲與叔父李天驥老師比畫武當劍的李德印先生

▼在對練中李天驥老師依然寶刀未老

圖1

圖2

準備姿勢

以自然的姿勢直直站立，身心都要放鬆，精神集中，呼吸要平穩（圖1）。

1 起勢

左腳打開如肩寬的距離。雙腳成平行的狀態（圖2）。

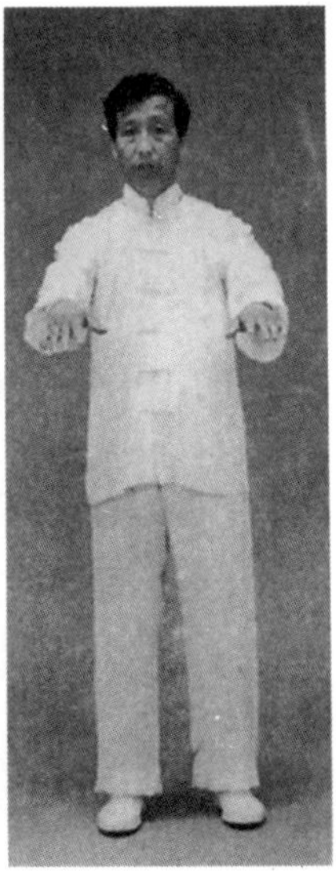

圖3

圖4

圖5

雙臂高舉到肩的高度。雙臂的間隔與肩同寬（圖3、4）。

曲膝落腰，雙手向下，靜靜的像要往下壓似的半抬起。上身要放鬆，但必須保持挺直、正確的姿勢，頭挺直，後脖頸伸直，胸放輕鬆，落肩，收臀部，形成全身伸展、自然的狀態（圖5）。

圖6

圖7

圖8

2　左右野馬分鬃

上身稍往右轉，在右胸前做出如抱球般的姿勢。眼睛看著右手（圖6）。

左腳上抬收縮，腳尖點地（圖7）。

上身稍往左轉，左腳靜靜的大步往前踏出（圖8）。

圖9

正面

重心往前移，左膝彎曲，右腳自然伸直成左弓步。上身向左轉，雙手朝前後分開移動。眼睛看著左手（圖9）。

體重置於後方，上身朝右轉（圖10）。

在左胸前做出抱球的姿勢。右腳靠攏，腳尖點地（圖11、12）。右腳靜靜的往前踏出一大步（圖13）。

成弓步的姿勢時，體重是往前移，上身往右轉，後方的腳逐漸伸直，同時轉動腳跟。兩腳的左右間隔爲十～三十公分左右（圖14）。

圖10

圖11

圖12

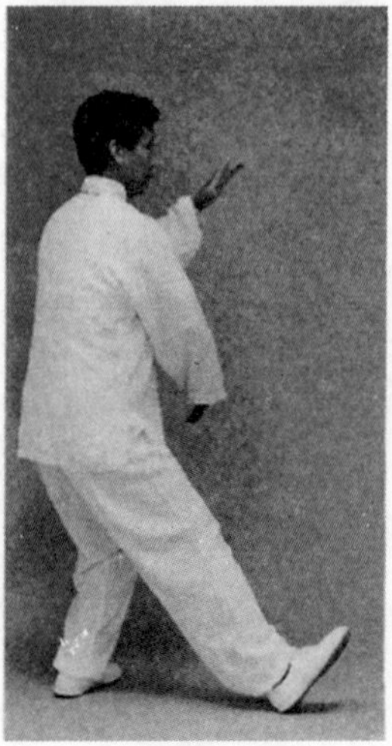

圖13

圖14

圖17

圖16

圖15

上身扭轉的「轉身」動作，抱球般的「抱球」動作、腳靠攏的「收腳」動作，腳跨出一大步的「邁步」動作都要順暢連續的進行，重心要保持穩定，上身要保持正確的姿勢還要放輕鬆（圖15～18）。

圖18

圖19

雙手朝外側伸展開來。這時，雙臂不可伸直，而是雙肘稍微彎曲保持弧形。伸展全身，保持自然感、穩定感（圖19）。

圖20

圖21

3 白鶴亮翅

雙臂成抱球的姿勢（圖20）。

後腳靠攏半步（跟步）（圖21）。

圖22

正面

圖23

體重置於後腳上，上身稍微扭轉，縮短雙手的間隔，左手的四根手指要靠在右手腕上（圖22）。

左腳稍往前移，腳尖著地（點地），成左虛步。雙手朝上下打開。這時，雙臂手肘稍微彎曲，保持弧形朝外側放鬆，同時用力打開。上身放鬆力量，保持挺直，曲膝落腰，身體朝向前方（圖23）。

圖25

圖24

4　左右摟膝拗步

右手移到體前放下（圖24）。

上身朝右轉，左手抬起（圖25）。

左腳收起，腳尖著地（點地）。左手放下，右手朝斜後方上抬。眼睛看著右手（圖26）。

圖26

圖27

圖28

左腳往前跨出一大步，右臂手肘彎曲靠攏，右手停在頭的側面（圖27）。

體重往前移成左弓步，右手朝體前推出，左手通過左膝上，在左腰附近停止。眼睛看著右手（圖28）。

體重置於後方，上身朝左轉（圖29）。

圖29

圖30

圖31

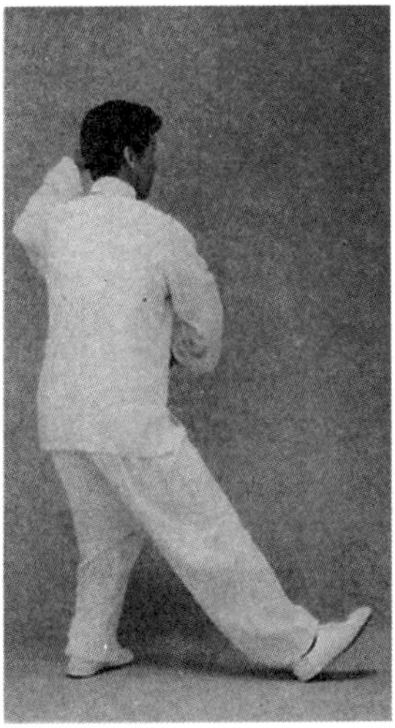
圖32

體重往前移，左手往上舉起（圖30）。

右腳靠攏，腳尖著地（圖31）。

右腳往前跨出一大步，左手手肘彎曲，在到頭的旁邊（圖32）。

成弓步的姿勢時，體重要往前移，上身朝右轉，後面的腳要挺直，腳跟朝外側轉。兩腳的橫幅隔爲十～三十公分左右（圖33）。

上身轉動時的「轉身」，將手臂上抬帶到頭的旁邊的「運臂」，腳靠攏的「收腳」以及腳大步跨出的「邁

圖33

正面

圖34

步」的動作，都不能有所停頓，要能連貫，重心要穩，上身雖放輕鬆但仍要保持挺直，藉著腰的動作帶出手臂的活動，在踏出腳的同時，要靜靜的在有穩定感的情況下進行（圖34～37）。

圖36

圖35

圖37

圖38

頭頂直，放鬆肩膀的力量，背肌挺直，扭腰，上身以自然的姿勢伸展，在伸展時也必須持有勁的姿勢。右手朝前方推出時，手指要伸直，手腕朝下，肩膀放鬆，手肘垂下，內含力量（圖38）。

圖40

圖39

5 手揮琵琶

右腳往前靠攏半步（跟步）（圖39）。

體重往後移，上身稍往右轉。右手肘彎曲，右手移到胸前，左手帶到體前（圖40）。

圖41　　正面

左腳稍往前移，腳跟放下成左虛步、雙肘稍稍彎曲，雙臂移到體前，雙手斜向相對，如抱琵琶的姿勢。上身挺直，放鬆。眼睛看著左手（圖41）。

圖42

圖43

6　左右倒卷肱

右手手掌翻轉朝上，慢慢放下（圖42）。

上身稍往右轉，右手通過右腰附近，抬到斜後方肩高的位置爲止。左手手掌反轉稍往上抬（圖43）。

圖44

圖45

右手肘彎曲，右手帶到耳的附近，左腳抬起往後拉。眼睛看著左手（圖44）。

左腳往後拉一步，由腳尖著地（圖45）。

左腳的膝蓋彎曲，體重往後移成右虛步。同時右掌往前推出，左掌掌心朝上帶到腹前。眼睛看著右手（圖46）。

上身稍往左轉，左手通過左腰附近，抬至斜後方約肩高的位置爲止，右手手掌朝上翻轉（圖47）。

圖46

圖47

圖48

圖49

圖50

圖51

左手臂手肘彎曲，左手帶到耳的附近。右腳抬起往後拉。眼睛看著右手（圖48）。

右腳往後退一步（圖49）。

右腳膝蓋彎曲，體重往後移成左虛步。同時，左掌往前推出，右掌掌心朝上帶到腹前。眼睛看著左手（圖50）。

身體扭轉，手攤開。動作與前述的相同。雙臂稍微彎曲，落肘，頭挺直，胸稍微收一下，肩膀放輕鬆（圖51）。

圖53

圖52

手肘彎曲收腳。動作與前述相同。肩放鬆，手肘落下，動作不可停頓，要一直連貫下去(圖52)。

收腳的動作與前相同。腳的動作(步法)要保持穩定感，腳要靜靜抬起、靜靜的放下(圖53)。

成虛步手推出的推掌動作與前面相同。虛步的步型要正確，虛實要分明，收腰骨，收腹部與臀部，上身挺直(圖54)。

圖55與圖47相同。

圖54

圖55

圖56

圖57

圖59　圖58

圖56與圖48相同。

圖57與圖49相同。

圖58與圖50相同。

7　左攬雀尾

上身稍往右轉，右掌往後拉，掌心朝上翻轉（圖59）。

圖61

圖60

左腳收起，腳尖著地，雙臂在右胸前成抱球的姿勢（圖60）。

左腳靜靜的往前踏出，腳跟著地（圖61）。

圖62　　正面

體重往前移，左膝彎曲，右腳往後踢出，成左弓步。同時掌心要朝向內側，左手臂推出到胸前，右手在右腰的附近做出下壓的動作。眼睛看著左手（圖62）。

腰稍往左扭轉，右手移到體前，雙手掌心成斜向上下相對，眼睛看著左手（圖63）。

上身向右轉，體重移到右腳，同時，雙手帶到右後方（捋）。眼睛看著右手（圖64）。

圖63

圖64

圖65

圖66

圖67

圖68

上身面向前方，雙臂手肘彎曲移到胸前。左前臂轉向外側，掌心向內側，手腕在胸的中央對合。右前臂轉向內側，右掌心向外側，四隻手指擺在左手腕的內側。眼睛看著前方（圖65）。

體重往前移成左弓步。雙臂推出，手肘彎曲成圓形凝聚力量。雙手的位置不變（圖66）。

雙手左右分開，間隔如肩寬。掌心朝下（圖67）。

體重置於右腳，左腳腳尖上抬。同時雙肘彎曲，掌心朝下帶到胸前（圖68）。

圖69

圖70

兩手在腹前放下，手腕下落，手指豎立，掌心朝向前方（圖69）。

體重往前移成左弓步。同時雙手靜靜的往胸前推出，雙臂伸直（這時手肘也要稍微彎曲）。掌心向前，眼睛看著前方（圖70）。

圖71

圖72

8　右攬雀尾

體重移到右邊，上身朝右轉（圖71）。

上身持續朝右轉，右手平放帶到身體右側，體重移到右腳，左腳的腳尖朝內側靠攏，眼睛看著右手（圖72）。

圖73

圖74

體重移到左邊，收右腳，腳尖著地（點地），雙臂在胸前成抱球姿勢（抱球）。這個動作左右有所不同，要按照圖60的要領來做（圖73）。

腰稍朝右轉，右腳靜靜往前伸出，腳跟著地（圖74）。

動作左右有所不同，要與圖62的「左掤式」的姿勢相同。曲膝、轉腰、手臂伸出等動作要保持平衡，雙臂稍微彎曲，保持弧形（圖75）。

左右雖有不同，但動作需與圖63相同（圖76）。

圖76

圖75

圖78

圖77

圖79

圖80

左右雖有不同，但動作需與圖64相同。扭腰、重心往後移的動作及手的動作要保持平衡（圖77）。

左右雖有不同，但動作需與圖65相同。雙手在胸前對合時，不可放鬆力量，要像朝外側推出似的保持力道（圖78）。

左右雖有不同，但動作需與圖66的左擠式相同。腰放鬆，頭挺直，肩膀的力量放鬆，手臂要凝聚力量雙臂往前推出，曲膝（弓腿）的姿勢要保持平衡（圖79）。

弓步的腳左右相反，但動作要與圖67相同（圖80）。

圖81

圖82

步型雖左右相反，但動作與圖68相同。曲膝、重心往後移時，要稍微收胸、收腹部、拉雙手的動作要保持平衡（圖81）。

左右雖相反，但動作與圖70的左按式相同。頭挺直，肩膀力量放鬆，手肘落下，手腕放下。往前踏出的弓腿和出手的動作要保持平衡（圖82）。

圖84

圖83

9 單鞭

體重往左移，上身朝左轉，右腳的腳尖靠向內側。雙手在扭轉上身時一起帶到左側。左手的高度與眼睛的高度相同，掌心朝向外側，右手置於腹部的高度，掌心朝向內側。眼睛看著左手（圖83）。

體重移到右腳，上身朝右轉，雙手上下的位置改變的同時，也要隨著上身的動作往右移。雙手移到身體的右側時，掌心反轉，右手的掌心向外側，左手的掌心向內側。眼睛看著右手（圖84）。

圖85

圖86

收左腳，腳尖著地（點地）。收縮右手手指，往下成鉤手，左手停在右肩前。眼睛看著左手（圖85）。

上身稍往左轉，左腳靜靜的朝左前方踏出，腳跟著地。眼睛看著左手（圖86）。

圖87

體重往前移，上身扭轉，左腳曲膝成左弓步的同時，左手反轉往前推出。成左弓步時腳踏出的角度，要朝向前方成左斜三十度。眼睛看著左手（圖87）。

圖88

圖89

10　雲手

體重移到右邊，左手往下畫弧（圖88）。

上身朝右轉，體重移到右腳，左腳的腳尖靠向內側。左手朝下，再往右移，帶到右肩前，掌心向內側。右鉤手變成掌，掌心朝向外側。眼睛看著右手（圖89）。

圖91

圖90

體重往左移，上身朝左轉，雙手上下分開（左手在眼睛的高度，右手放在腹部周圍）同時隨著身體的動作帶到左側。眼睛看著左手（圖90）。

體重移到左腳，上身朝左轉，右腳帶到左腳這邊。這時腳尖向前，雙腳平行間隔約十～二十公分。在做以上動作的同時，雙手移到身體的左側，手掌翻轉，左手掌向外側，右手掌心向著內側（圖91）。

體重往右移，上身朝右轉，雙手上下位置改變，隨著身體的動作，手的動作也往右移，眼睛看著右手（圖92）。

圖92

圖93

體重移到右腳，上身往右移，左腳往左跨出一大步，腳尖先著地。同時，雙手轉到身體右側再翻轉，右手掌心向外側，左手掌心朝內側（圖93）。

上身向左轉，體重往左移，左腳的整個腳底著地，腳尖朝前，左膝彎曲。同時，雙手上下的位置改變，隨著上身的動作向左轉動。眼睛看著左手（圖94）。

體重移到左腳，上身朝左轉，右腳往左靠。這時，腳尖朝前，左右腳成平行，間隔約十～二十公分。同時，雙手移到身體的左側，左手掌心向外側，右手掌心向內側轉動（圖95）。

圖95

圖94

圖97

圖96

圖98

圖99

動作與圖92完全相同。頭挺直，背肌伸直，肩膀力量放鬆，手臂用力來進行動作。但是曲膝、扭腰、收腹、收臀部等動作都要注意。雙手的動作要與腰的動作保持平衡（圖96）。

動作與圖93完全相同。改變掌心方向的動作以及腳大步跨出的動作要保持平衡（圖97）。

圖98。動作與圖94相同。

圖99。動作與圖95相同。

圖100

圖101

11 單鞭

上身朝右轉，體重往右移，雙手往右移。眼睛看著右手（圖100）。

雙手移到身體的右側改變方向，右手轉向外側，指尖收起向下成鉤手，左手掌心朝向內側帶到右肩前。眼睛看著左手（圖101）。

圖102

圖103

上身稍往左轉，左腳往左前方跨出一大步，腳跟著地。眼睛看著左手（圖102）。

體重往前移，上身朝左轉，左膝彎曲成左弓步，同時左手手掌反轉往前推出。成左弓步時，左腳踏出的角度是向著前方成左斜三十度。眼睛看著左手（圖103）。

圖105

圖104

12 高探馬

右腳靠攏半步（跟步），雙手翻轉掌心向上（圖104）。

重心移到後方，體重置於右腳。右手臂彎曲，右手靠向肩上（圖105）。

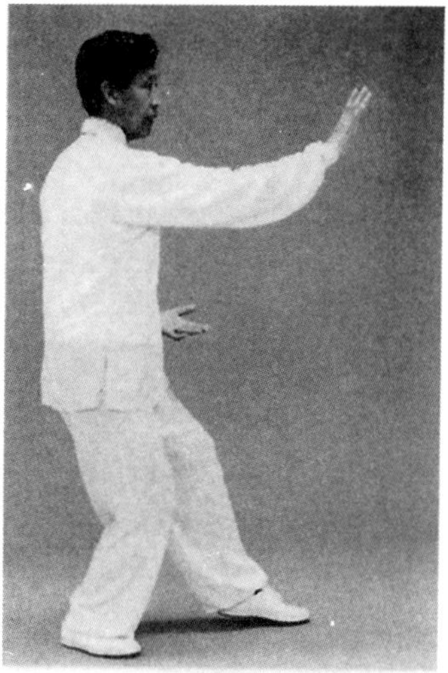

圖106

左腳稍往前移，前腳底著地成左虛步。同時，上身朝左轉，右手往前推出，左手收到腰際。眼睛看著右手（圖106）。

圖107

圖108

13　右蹬脚

左手通過右手背上方向前推出，雙手交叉，同時，左腳稍微靠攏（圖107）。

左腳向左前方伸出（圖108）。

圖110

圖109

重心往前移成左弓步，雙手往兩側張開（圖109）。

雙手放下，在腹前雙手會合的同時，右腳移到左腳側，腳尖著地（點地）。眼睛看著右前方（圖110）。

圖112

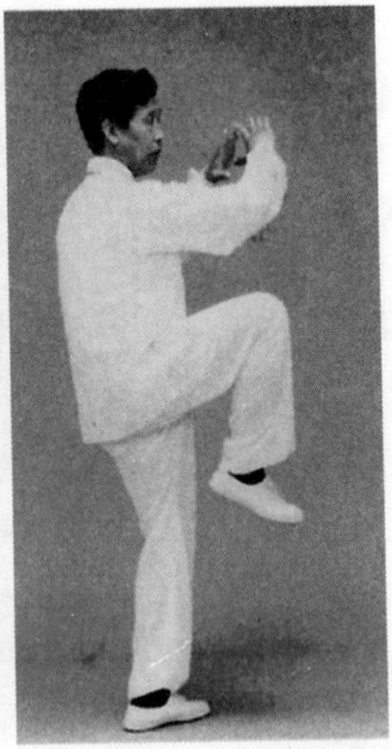

圖111

用左腳踢地，支撐身體站立，右腳曲膝高抬起，雙手舉到頭前，掌心向下之後朝左右移（圖111）。

這時，雙手朝向兩側，像畫弧般的移到肩膀的高度。掌心都要朝向外側，同時，右腳慢慢的往前踢出，與右手上下相對。腳朝右前方三十度的角度踢出，眼睛看著右手（圖112）。

圖114

圖113

14　雙峰貫耳

彎曲右膝靠攏，雙手通過臉前在右膝上放下。掌心左右均要朝上（圖113）。

右腳在斜前方三十度之處放下的同時，雙手在腰際間放下（圖114）。

圖115

圖116

重心往前移成右弓步。雙手成拳，往上邊畫弧邊舉起，在臉前雙手間隔需與臉同寬，拳眼斜向相對。眼睛看著前方（圖115）。

15 轉身左蹬脚

彎曲左膝重心往後移，右腳腳尖靠向內側，上身朝左轉，雙拳變為掌朝左右移動。眼睛看著左手（圖116）。

重心往右移，雙手放下，在體前成抱著大東西的姿勢（圖117）。

圖117

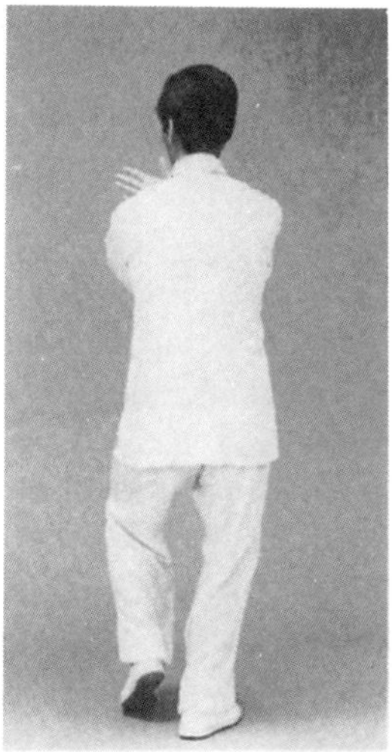

圖118

收左腳，腳尖著地（點地），雙手交叉（左手在外側）上抬至胸前（圖118）。

以右腳支撐身體站立，彎曲左膝，高高抬起，雙手通過臉前朝左右兩側移動（圖119）。

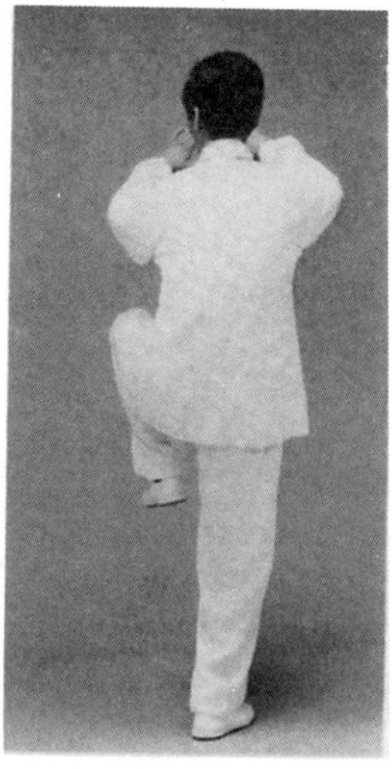

圖119

圖120

圖121

這時，雙手邊畫弧邊移到肩膀的高度，左腳慢慢往前踢出，與左手成上下相對。左蹬腳的方向是在右蹬腳時的方向一八〇度的位置。眼睛看著左手（圖120）。

16 左下勢獨立

左腳曲膝，靠攏後放下，上身朝右轉，右手成鉤手，左手通過臉前，邊畫弧邊帶到右手臂的內側。眼睛看著右鉤手（圖121）。

右膝彎曲落腰，左腳通過右腳內側朝左伸直。眼睛繼續看著右鉤手（圖122）。

圖122

右膝深彎曲，低落腰，左腳伸直成左仆步。上身朝左轉，左手從左腳內側往前伸出，手指向前，掌心向右側，眼睛看著左手（圖123）。

圖123

圖124

圖125

重心往前移，曲左膝腳尖朝外側打開。而右腳伸直，腳尖朝向內側。同時，左手在體前伸直，右手則鉤手翻轉帶到身體後方（圖124）。

以左腳支撐身體站立，彎曲右膝，高高抬起，腳尖朝下成左獨立步的姿勢。左手，在做以上動作的同時放下，在左腰附近往下推（按），右鉤手化爲掌，由下往前抬至臉前，掌心朝左，指尖朝上，眼睛看著右手（圖125）。

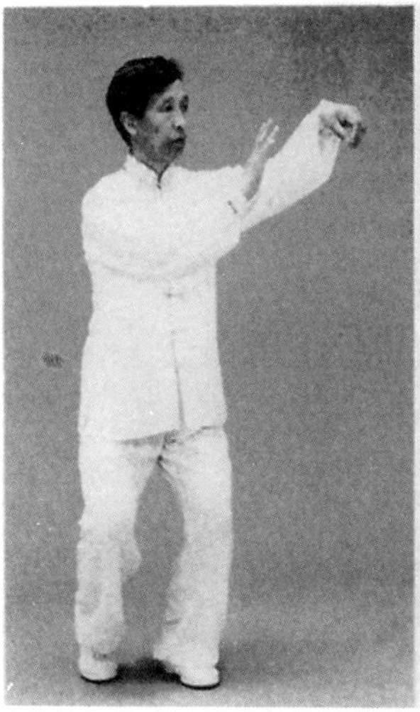

圖127

圖126

右腳在左腳前方，腳尖著地（圖126）。

17　右下勢獨立

以左腳的前腳底為軸，身體朝左轉。同時，左手成鉤手抬至左側，右手通過臉前，一邊畫弧一邊帶到左手臂的內側。眼睛看著左手（圖127）。

圖128

圖129

曲左膝落腰，右腳往右伸直。眼睛繼續看著左手（圖128）。

深曲左膝低落腰，右腳往前伸成右仆步。同時，上身往右轉，右手沿著右腳內側往前伸出。這時，手指向前，掌心朝左側。眼睛看著右手（圖129）。

圖130

圖131

重心往前移，曲右膝腳尖朝外側打開，左腳伸直，腳尖朝向內側。右手上抬到體前，左鉤手翻轉帶到身體的後方（圖130）。

以右腳支撐身體站立，彎曲左膝，抬高，腳尖朝下成右獨立步。同時，放下右手，在右腰附近往下壓（按），左手由下往前抬起帶到臉前。這時，掌心向右，手指向上。眼睛看著左手（圖131）。

圖133

圖132

18左右穿梭

左腳往前放下，腳尖朝外側打開，身體朝左轉，在胸前雙手上下對合，做出如抱著球般的「抱球」姿勢。眼睛看著左手（圖132）。

右腳靠向左腳內側，腳尖著地（點地），雙手上下對合成「抱球」的姿勢（圖133）。

圖135

圖134

右腳朝右前方斜四十五度的方向跨出一大步，同時右手往前伸，左手往後拉。眼睛看著右手（圖134）。

重心往前移，曲右膝成右弓步。同時，右手往上抬，掌心翻轉朝上，罩到頭的右上方。左手在胸前推出，手指要到達鼻子的高度。眼睛看著左手（圖135）。

重心稍往後移，右腳腳尖朝外側打開，上身朝右轉（圖136）。

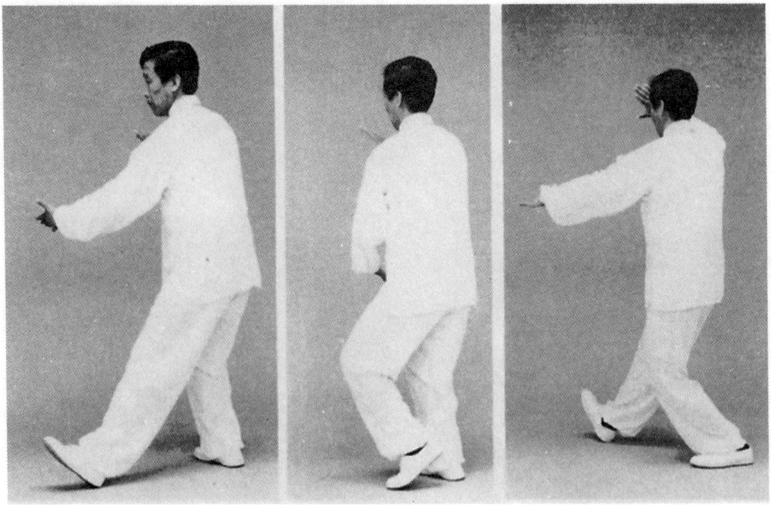

圖138　圖137　圖136

重心移到右腳，左腳靠向右腳的內側，腳尖著地（點地）。雙手在胸前成「抱球」的姿勢。眼睛看著右手（圖137）。

左腳朝左斜前方四十五度的方向跨出一大步，同時左手往前伸，右手往後拉。眼睛看著左手（圖138）。

重心往前移成左弓步。左手翻轉朝上，罩在頭的左上方。右手在胸前推出，手指要到達鼻子的高度。眼睛看著右手（圖139）。

圖139正面

圖139

19　海底針

右腳靠攏半步（跟步），右手在腰前放下，左手在胸前放下（圖140）。

圖140

圖142

圖141

重心移到右腳，右手掌心朝內側，同時要抬到頭的右側，左手掌心朝下，在腹前放下（圖141）。

左腳稍往前移，腳尖著地成左虛步。同時，上身朝左轉，上身稍往前倒，右掌朝前方下段像要往下插似的放下。這時，指尖與地面成四十五度角。左手在腰下的附近像要往下壓似的擺著（按）。眼睛看著前方下段（圖142）。

圖143

圖144

20 閃通臂

上身朝右轉直立，收左腳的同時，右手上抬到臉前，左手手指擺在右臂的內側（圖143）。

左腳踏出一大步，雙手朝上下拉開（圖144）。

圖145

重心往前移成左弓步，左手從臉前推出，與鼻尖對合。右手翻轉上抬，罩在頭上右側。眼睛看著左手（圖145）。

圖146

圖147

裡面

21 轉身搬攔捶

曲右膝，重心往右移，左腳的腳尖靠向內側，上身向右轉。右手在身體的右側放下，左手抬至頭上。眼睛看著右手（圖146）。

重心移到右腳，右手化為拳放下到腹前（圖147）。

右腳靠攏之後，立刻往前跨出一大步，腳尖朝外側打開，上身朝右轉，右拳邊翻轉邊向體前打出（搬出）。這時，拳心向上，左手在左腰附近往下壓。眼睛看著右拳（圖148）。

正面

圖148

圖150

圖149

圖151

重心往前移，上身朝右轉，翻轉右拳同時平行朝右側移動，左手從左往前畫弧，同時做出阻擋（對手）的動作（圖149）。

左腳往前踏出一步，右拳拳心一邊朝上翻轉一邊靠向腰部。左掌掌心朝向右邊帶到體前。眼睛看著左手（圖150）。

重心往前移成左弓步。右拳從腰向胸前打出。這時，拳眼朝上，左手擺在右前臂的內側。眼睛看著右拳（圖151）。

圖153

圖152

22　如封似閉

左掌通過右掌下側往前伸，同時右拳化爲掌，雙掌均朝上（圖152）。

重心往後移，雙掌打開如肩寬，慢慢的拉到面前（圖153）。

圖155

圖154

曲右膝稍落腰，體重置於右腳。左腳伸直，腳尖後仰，雙手在胸前掌心朝下翻轉放下（圖154）。

重心往前移成左弓步。雙手從腹前往前推出。這時，掌心朝前，雙手移到肩膀的高度。眼睛看著前方（圖155）。

圖157

圖156

23 十字手

重心往後移，上身往右轉，左腳腳尖靠向內側的同時，右手平行移到右側。眼睛看著右手（圖156）。

重心移到左腳，上身往左轉，右腳腳尖靠向內側，右手往下畫弧放下（圖157）。

圖159

圖158

體重置於左腳，雙手在胸前交叉。這時，掌心朝向內側（圖158）。

右腳稍微靠向內側。雙腳打開如肩寬成平行的狀態。雙腳慢慢伸直，雙手交叉稍微抬起。眼睛看著前方（圖159）。

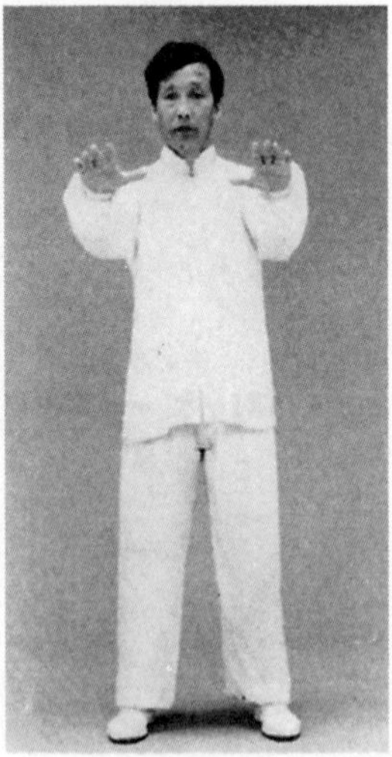

圖160

圖161

24 收勢

左右手張開，雙臂平行，雙掌均朝下。雙臂的高度與肩膀的高度相同（圖160）。

雙手慢慢放下，移到身體的兩側（圖161）。

圖162

左腳靠向右腳的內側，身體成自然狀態直立。眼睛直視前方（圖162）。

國家圖書館出版品預行編目資料

太極拳基礎講座/李德印著，東京太極拳協會編，林瑞玉譯
——初版，——臺北市，大展，1999〔民88〕
面；21公分，——（武術特輯；27）
譯自：太極拳基礎講座
ISBN 957-557-932-1（平裝）
1.太極拳
528.972　　　88007512

TAIKYOKUKEN KISOKOUZA

太極拳基礎講座 基本功與簡化24式太極拳

ISBN 957-557-932-1

原著者/李　德　印
編　　者/東京太極拳協會
譯　　者/林　瑞　玉
發行人/蔡　森　明
出版者/大展出版社有限公司
社　　址/台北市北投區（石牌）致遠一路 2 段 12 巷 1 號
電　　話/（02）28236031・28236033・28233123
傳　　真/（02）28272069
郵政劃撥/01669551
E－mail/dah_jaan@pchome.com.tw
登記證/局版臺業字第 2171 號
承印者/國順文具印刷行
裝　　訂/協億印製廠股份有限公司
排版者/弘益電腦排版有限公司
初版 1 刷/1999 年（民 88 年） 8 月
初版 2 刷/2003 年（民 92 年） 1 月

定價/250 元